PELO DEUS DO MUNDO
NO MUNDO DE DEUS

Andrés Torres Queiruga

PELO DEUS DO MUNDO NO MUNDO DE DEUS
Sobre a essência da vida religiosa

Tradução
Alda da Anunciação Machado

Edições Loyola

TÍTULO ORIGINAL:
Por el Dios del mundo en el mundo de Dios
Sobre la esencia de la vida religiosa
© 2000 by Editorial Sal Terrae
Polígono de Raos, Parcela 14-I
39600 Maliaño (Cantabria)
ISBN: 84-293-1341-9

PREPARAÇÃO: Mauricio B. Leal
DIAGRAMAÇÃO: Miriam de Melo Francisco
REVISÃO: Carlos Alberto Bárbaro

Edições Loyola
Rua 1822 nº 347 – Ipiranga
04216-000 São Paulo, SP
Caixa Postal 42.335 – 04218-970 – São Paulo, SP
✆: (0**11) 6914-1922
📠: (0**11) 6163-4275
Home page e vendas: www.loyola.com.br
Editorial: loyola@loyola.com.br
Vendas: vendas@loyola.com.br

Todos os direitos reservados. Nenhuma parte desta obra pode ser reproduzida ou transmitida por qualquer forma e/ou quaisquer meios (eletrônico ou mecânico, incluindo fotocópia e gravação) ou arquivada em qualquer sistema ou banco de dados sem permissão escrita da Editora.

ISBN: 85-15-02723-2

© EDIÇÕES LOYOLA, São Paulo, Brasil, 2003

Sumário

Introdução 7

I. **A vida religiosa no âmbito da Igreja** 11
  1. Um modo de ser, na vida cristã comum:
    sem monopólios nem privilégios 12
  2. Uma convergência fundamental: para "o Deus do mundo"
    ou para "o mundo de Deus" 17
  3. O perfil específico da vida religiosa:
    polarização no "contemplativo" 27

II. **Situação atual da vida religiosa** 35
  1. Historicidade e relativização das formas concretas ... 35
  2. O critério decisivo: tornar a intenção
    fundamental possível e visível 37
  3. Uma questão particularmente difícil:
    a reconfiguração do trabalho 40
  4. O caso dos institutos seculares como confirmação
    e contraste 46

III. **O futuro da vida religiosa** 51
  1. Reconfiguração desde as raízes: identidade e missão ... 51
  2. Reconfiguração da identidade: os votos, entre a
    estabilidade jurídica e o impulso da vida 54
  3. Algumas questões concretas: temporalidade e celibato ... 58
  4. O chamado da missão: "resistência
    numantina" ou "morte estaurológica" 64

IV. Uma aplicação concreta: contribuir para a presença do verdadeiro Deus de Jesus 69
  1. A necessidade de uma séria formação teológica 69
  2. Orar ao Deus de Jesus 73
  3. Uma grandiosa tarefa para a vida religiosa 79

Epílogo: carta do Brasil 83

Introdução

Falar hoje da vida religiosa supõe um poderoso desafio. A verdade é que isso acontece com praticamente todos os grandes temas do cristianismo: não foi em vão que se passaram dois mil anos desde sua fundação, de tal modo que sobre ele não só gravitaram diferentes influências, e muito intensas, mas também, além disso, teve de atravessar muitas crises. E principalmente a crise de época, que supôs a queda do regime de cristandade, com a mudança radical de paradigmas que trouxe consigo em todas as ordens a entrada da modernidade. Uma mudança, no entanto, em relação à qual ainda não chegamos ao fundo e continua em aberto diante de nós, enchendo de interrogações o futuro comum. Fenômenos como o da pós-modernidade, mais do que indicar um fim, marcam simplesmente mais uma reviravolta no caminho, salientando a complexidade dos fatores em jogo e acentuando a necessidade tanto da crítica alerta como do compromisso vital na busca de soluções autênticas.

Todavia, se isso afeta todos os grandes temas, sem dúvida ocorre com especial intensidade na vida religiosa, precisamente em razão da grande aposta que supõe o jogar-se a vida em uma carta que — pense-se nos votos — prescinde de algum dos apoios fundamentais que tornam a existência humana possível de ser vivida. Se, além disso, quem se dispõe a falar não vive diretamente essa vida, a dificuldade aumenta até aproximar-se perigosamente dos limites da ousadia.

Por isso, quando um convite da Assembléia de Superiores Maiores da CONFER espanhola levou-me a aceitar esta incumbência*, encarei-a como um *desafio*. Estava absolutamente consciente de que a aceitação me situava diante de um tema tão amplo, comprometido e profundo que, a rigor, não pode ser abordado do distanciamento puramente objetivo, mas exige sim a vivência íntima e direta, assim como o conhecimento que nasce da pertença vivida em uma tradição excepcionalmente rica e complexa. É evidente que isso não seria possível em meu caso.

Se aceitei, apesar de tudo, foi porque o desafio representava ao mesmo tempo uma *oportunidade*. Se a pertença direta me faltava, restava-me outra possibilidade: a de uma sintonia empática com a experiência real. E essa, de fato, era real. Não só pela convicção intelectual de tudo quanto o cristianismo e a humanidade devem à presença da vida religiosa em sua história, mas também por motivos mais íntimos e imediatos, nascidos de relações de amizade profunda e de colaboração intensa. Há ainda um motivo talvez mais profundo: o que provém dessa secreta nostalgia que todo teólogo não-religioso tem de enfrentar consigo mesmo alguma vez, de maneira expressa e temática, com a entranha íntima desse tipo de vida, que por um lado lhe é afim e, por outro, obedece a pautas distintas de vida, de tradição e de situação comunitária.

Nesse sentido, compreende-se muito bem meu agradecimento a um convite que não só me honrava, mas também me obrigava a abrir um espaço de tempo e de estudo que me colocou em contato íntimo com uma literatura tão rica em reflexão e tão expressiva em vivência. Aprendi muito e não foi pouco o que refleti. O resultado foi este trabalho breve e tateante.

---

* A primeira redação deste trabalho, aqui um tanto ampliado e — espero — algo melhorado, foi apresentada em duas partes: "Olhar teológico sobre a vida religiosa de uma 'distância empática'" (*Confer. Revista de Vida Religiosa* 38/145 [1999], 95-124) e "O futuro da vida religiosa" (*Confer. Revista de Vida Religiosa* 38/147 [1999], 377-398). Até então não havia ainda lido o livro de J. Chittister, *El fuego en estas cenizas. Espiritualidad de la vida religiosa hoy* (Santander, Sal Terrae, 1999³), que, sob um aspecto diferente, oferece uma visão, a meu ver, profundamente de acordo com a aqui proposta. Por isso, só nos últimos momentos pude introduzir algumas referências.

Introdução

Por força das circunstâncias, trata-se de esboços modestos, sem pretensões pioneiras, uma vez que, obviamente, é sobretudo aos protagonistas diretos que, neste momento de clara encruzilhada, compete abrir os caminhos do próprio futuro. Entretanto, talvez por isso mesmo tenham justamente a pequena vantagem de nascer de uma perspectiva distinta: com amor, porém vindo de fora. Sabe-se que existem coisas que se descobrem melhor assim. É o que acontece, por exemplo, quando observamos outra religião: ritos, vivências ou atitudes que na nossa nos parecem óbvios aparecem em uma inesperada estranheza e, de repente, desvelam aspectos inéditos. Ou, para expressá-lo mediante uma experiência muito atual, é também o que acontece quando as mulheres ouvem os discursos masculinos, inclusive daqueles que não pretendem ser machistas e esforçam-se por utilizar uma linguagem inclusiva: elas acabam sempre por descobrir erros de vocabulário e assinalar deslizes semânticos.

Isso explica de certo modo o processo da exposição. Toda ela está voltada para o propósito de esclarecer o característico e específico da vida religiosa a partir dessa perspectiva, enquadrando-o na fundamental e igualitária comunidade cristã; e, dentro dela, buscando perfilar sua especificidade peculiar. Só no final será dedicado um espaço mínimo para insinuar o que me parece *um aspecto* importante do que essa vida poderia trazer para a Igreja e para o mundo atual.

* * *

Não posso concluir essa introdução sem agradecer o *epílogo* de Ir. Glória Josefina Viero, religiosa da Congregação das Servas de Maria Reparadora, boa conhecedora de minha obra, sobre a qual está terminando sua tese de mestrado em teologia, e empenhada em uma tarefa de evangelização libertadora nas favelas de Rio Comprido (Rio de Janeiro). A princípio, sua carta, cheia de lucidez teológica, preocupação pastoral e afetuosa cordialidade, era simples resposta pessoal ao envio de meu manuscrito. Como me pareceu que suas idéias, surgidas do próprio seio desta vida sobre a qual o pequeno livro tenta lançar alguma luz, poderiam esclarecer e até mesmo — esta é minha esperança

— confirmar algumas de suas intuições, pedi-lhe que me permitisse publicá-las aqui. Não soube dizer-me que não e, roubando algumas horas de seu precioso tempo, ela as entregou depois de uma ligeira revisão formal. Espero que os leitores me acompanhem no agradecimento.

I
A vida religiosa no âmbito da Igreja

"Se alguém se propuser escrever hoje uma teologia da vida religiosa, irá deparar-se de saída com uma pergunta: o que significa propriamente a vida religiosa? A questão é tão clara como usualmente se pretende que seja? O conteúdo a que se refere a expressão 'vida religiosa' é exatamente idêntico a suas formas concretas atuais? Não ocorreram mudanças muito decisivas no decurso da história? E as diferenças existentes entre os diversos projetos de efetivar hoje a vida religiosa não são, porventura, tão manifestamente perceptíveis que se torna difícil usar o mesmo nome para referir-se a eles? Em vista da crise em que se encontram as ordens religiosas — na opinião de muitos, de vida ou morte —, é ao menos possível dizer com exatidão em que consiste a essência da vida religiosa, vale dizer, o permanente, o imutável, o inabdicável? É possível ainda hoje encontrar, inclusive entre os próprios religiosos, uma coincidência entre esses pontos? Seja como for, o cânon 487 do *Código* já não é suficiente. Quem perguntar onde se há de buscar o específico e essencial da vida monástica receberá atualmente muitas respostas. Para confirmá-lo, basta lançar um olhar às publicações mais recentes. O mesmo vale para a vida religiosa em geral.

A dificuldade a que se fez alusão não é mero problema aparente, provocado talvez por uma desorientação momentânea, mas sim absolutamente real; refere-se a algo essencial. Por isso, é preciso defrontar-se com ele antes de iniciar o tema de uma teologia da vida religiosa."

Essas palavras estão na abertura do conhecido estudo de Friedrich Wulf em *Mysterium Salutis*[1]. Sem dúvida, carregam ainda a marca da comoção produzida pela nova teologia do Vaticano II, que repentinamente rompia com evidências arraigadas, deixando a descoberto o infundado de muitos pressupostos. Seria ingênuo acreditar que aquele dilúvio de perguntas tenha chegado a um descampado total. Felizmente, porém, podemos afirmar que desde então avançou-se um pouco e que, graças ao esforço conjunto da vida, da práxis e da reflexão foram se esclarecendo muitas coisas. Aproveitando esse avanço, não será inútil um olhar que, de uma distância empática, tente detectar a estrutura mais elementar do avanço, elucidando alguns de seus vetores fundamentais.

1. Um modo de ser, na vida cristã comum: sem monopólios nem privilégios

Peço permissão para começar com uma desculpa explicativa. Não consegui manter o título que me havia proposto: "A vida religiosa, ícone da Trindade". Ocorre que, de maneira espontânea, irrompeu certo alerta em meu interior: quão injusto e perigoso pode tornar-se o fato de aplicar a determinada forma de vida títulos genéricos que pertencem a todos os cristãos. Além disso, o emprego da palavra talvez comece a se tornar um tanto abusivo, pois "ícone" da Trindade há de ser toda vida cristã enquanto tal.

Estou ciente de que ninguém pretende apropriar-se dele com exclusividade e basta ler o que hoje se escreve sobre a vida religiosa para verificar o extraordinário cuidado com que normalmente se o usa para evitar todo monopólio. Entretanto, como já sabiam muito bem os profetas de Israel a propósito das afirmações acerca do "povo escolhido", nosso narcisismo está sempre à espreita: nas obscuras cavernas do inconsciente, se não houver o máximo cuidado com as expressões, apesar dos protestos declarados, poderá encobrir-se a oculta

---

1. Friedrich WULF, Fenomenología teológica de la vida religiosa, em *Mysterium Salutis* IV/2, Madrid, 1969, pp. 439-472.

tentação do privilégio. A filosofia da linguagem fala hoje de "contradição pragmática" quando *o fato* mesmo de afirmar algo desmente as palavras ou a intenção *expressa* do falante. Se me for permitido um tom mais coloquial, o que pretendo dizer é bem expresso pelo que poderia denominar-se "o dilema do franciscano", com referência ao irmão que dizia com sincera modéstia: "Há muita coisa que nós, franciscanos, não chegaremos a ser, mas em humildade não há quem nos supere".

É fácil compreender que não se trata de fazer uma pilhéria e, menos ainda, de faltar com o respeito a uma ordem de grande consideração e digna de estima, e sim de assinalar algo muito sério: para compreender a si mesma, a vida religiosa, antes de tudo e acima de tudo, tem de situar-se paritariamente ao lado das demais formas de vida que constituem a comunidade em seu conjunto. Se já os profetas alertavam contra o abuso da categoria de "eleição" — e, de fato, sou de opinião que uma teologia não-literalista deveria abandoná-la sem mais preâmbulos[2] —, Jesus de Nazaré não admite entre nós outra singularidade a não ser a do amor e a do serviço, começando sempre pela parte inferior. E Paulo, reunindo, quanto ao mais, uma intuição universal, ilustrou-o magnificamente mediante o exemplo do corpo: não apenas que todos os membros são necessários, mas também que nenhum deles deve singularizar-se — "O olho não pode dizer à mão: 'eu não preciso de ti' — nem a cabeça dizer aos pés: 'eu não preciso de vós'" (1Cor 12,21) —, mas que todo desnível hierarquizante deve ser eliminado: assim o quis Deus, "a fim de que não haja divisão no corpo, mas os membros tenham cuidado comum uns pelos outros" (1Cor 12,25).

A conseqüência é imediata e de amplo alcance: nenhuma proposta que busque definir a vida religiosa mediante um tipo de nota que, direta ou indiretamente, implique superioridade ou excelência sobre os demais modos de vida cristã, por mais dissimulada que seja, segue um bom caminho[3]. Nesse ponto, e de imediato, a resposta ao Concílio

---

2. Apresento algumas razões em *La revelación de Dios en la realización del hombre.* Madrid, 1987, cap. VI, esp. pp. 314-318 e 324-333.
3. Ver, por exemplo, um panorama sucinto das diferentes tentativas em F. MARTÍNEZ DÍEZ, *Refundar la vida religiosa. Vida carismática y misión profética.* Madrid, 1994, pp. 48-53.

foi exemplar, e um vento purificador varreu das publicações a antiga insistência em monopolizar, em detrimento dos leigos, o estado de *perfeição* ou a prática dos *conselhos*[4]. Não obstante, esse avanço não nos deve levar a baixar a guarda. O perigo continua à espreita, por meio de expressões de aparência mais neutra, as quais, todavia, transmitem idêntica distorção. Assim acontece, por exemplo, quando se define a vida religiosa pela *radicalidade* no "seguimento de Jesus" ou em sua "imitação"[5]: de um lado, a exegese demonstrou que nenhum cristão fica excluído do chamamento de Jesus à radicalidade evangélica[6] e, de outro, a experiência ensina que nenhum estado pode garantir sua realização. O mesmo vale para outro importante tópico: o de convertê-la em *sinal escatológico*, como antecipação do Reino já na terra[7]: isso tem de ser toda vida cristã bem vivida. De qualquer maneira, como — com sua graça habitual e não sem certo tom crítico — Timothy Radcliffe assinala muito bem, cada estado pode aspirar a ser antecipação de *um* aspecto:

> A exortação apostólica *Vita consecrata* fala de nós como "símbolos escatológicos". E isso é verdadeiramente certo. Ademais, isso me

---

4. A afirmação é tão genérica que não vale a pena indicar citações. Ver, contudo, as indicações de F. WULF (op. cit., pp. 443-444), em razão de sua proximidade do impacto conciliar. Oferece um dado enormemente significativo: "A maior parte dessas provas da 'origem divina' da vida religiosa encontravam-se ainda nos primeiros esquemas dos documentos do Concílio Vaticano II sobre a vida religiosa, e com a interpretação tradicional, a saber, à luz da doutrina dos 'dois caminhos', o dos mandamentos e o dos conselhos e das obras de supererrogação" (ibid., nota 8). Nas exposições de preparação para o Sínodo, em 1993, ao contrário, isso já se encontra suposto e assimilado: UNIÓN DE SUPERIORES GENERALES. *Carismas em la Iglesia para el mundo. La vida consagrada hoy.* Madrid, 1994.
5. É o procedimento adotado, por exemplo, por F. MARTÍNEZ DÍEZ em sua obra citada, quanto ao mais muito apurada e muito bem documentada, da qual aprendi muito: "'Radicalidade na fé, no seguimento de Jesus, na vida cristã. Essa é a definição mais simples da vida religiosa" (op. cit., p. 82). Se em lugar de "a vida religiosa", for colocado "o cristianismo autêntico", perceber-se-á muito bem onde está o perigo.
6. A esse respeito, é clássico o estudo de J. M. R. TILLARD, "Le fondement évangélique de la vie religieuse", *Nouvelle Revue Théologique* 91 (1969), 916-955. Para referências mais atualizadas, cf. J. PIKAZA, *Tratado de vida religiosa.* Madrid, 1990.
7. Neste aspecto, insistiu, por exemplo, E. SCHILLEBEECKX, *El celibato ministerial.* Madrid, 1968.

encanta. Quão belo seria colocar no passaporte, no item onde se informa a profissão: "símbolo escatológico". Porém, poder-se-ia objetar que, mais ainda que nós, o matrimônio é símbolo escatológico. A consumação do amor, esse *shabbat* espiritual do espírito humano, de duas pessoas que descansam no amor mútuo, oferece-nos um símbolo do Reino a que aspiramos. Quiçá sejamos o símbolo da viagem, e os casados, o sinal da chegada[8].

A reserva continua a valer para expressões ainda mais neutras, ao menos na aparência, mas que tampouco são imunes ao perigo de mopolização inconsciente, tais como as de ser *parábola* do Reino[9] ou *sinal profético*. Com relação à segunda, é oportuno citar novamente o geral dominicano:

> Quando nós, religiosos, discutimos sobre nossa identidade, podemos estar certos de que o adjetivo "profético" não tardará a ser posto sobre a mesa. Nossos votos encontram-se em tamanha contradição com os valores de nossa sociedade, que é correto falar deles como de uma profecia do Reino. A exortação apostólica *Vita consecrata* emprega essa palavra. Fico satisfeitíssimo quando alguém nos atribui esse adjetivo, porém mantenho-me reticente quando ouço os religiosos reivindicarem-no para si. Isso pode conter um tom de arrogância: "Os profetas somos nós!" Com freqüência, não o sabemos. E tenho a impressão de que os verdadeiros profetas duvidariam em atribuir-se esse título. Tal como Amós, tendem a rejeitar tal pretensão, dizendo: "Eu não sou profeta nem filho de profeta". Prefiro pensar que somos aqueles que deixam atrás de si os sinais normais de identidade[10].

---

8. "Cual es la identidad de la vida religiosa hoy?", *Confer* 37/143 (1998), 385-400, (397).
9. Cf., por exemplo, J. M. LOZANO, *Vida como parábola. Reinterpretando la vida religiosa*. Madrid, 1986; J. C. R. GARCÍA PAREDES, "Nuestra misión. Ser parábola!", *Vida Religiosa* 63 (1987); J. M. ARNÁIZ; J. C. R. GARCÍA PAREDES, C. MACCISE, "Entender y presentar hoy la vida consagrada en la Iglesia y en el mundo", em UNIÓN DE SUPERIORES MAYORES, op. cit., pp. 211-247 (233-235).
10. Ibid., p. 391.

E o mesmo se há de afirmar com relação a conceitos talvez ainda mais genéricos, como os de *vocação* ou *carisma*, *missão* e inclusive *consagração*: a *Lumen gentium*, ao recolocar a Igreja sobre sua verdadeira base, o povo de Deus, fez ver de maneira irreversível que tudo nela, antes de ser apropriado por qualquer grupo ou pessoa, pertence a todos e a cada um dos fiéis. Vale a pena uma citação, entre outras possíveis:

> Pelo que os leigos, enquanto consagrados a Cristo e ungidos pelo Espírito Santo, têm uma vocação admirável e são instruídos para que neles se produzam sempre os mais abundantes frutos do Espírito. Pois todas as suas obras, preces e projetos apostólicos, a vida conjugal e familiar, o trabalho cotidiano, o descanso da alma e do corpo realizam-se no Espírito, inclusive os incômodos da vida, desde que sofridos pacientemente, convertem-se em "sacrifícios espirituais agradáveis a Deus por Jesus Cristo" (1Pd 2,5), que na celebração da eucaristia, com a oblação do corpo do Senhor, oferecem piedosissimamente ao Pai. Assim também os leigos, como adoradores em todo lugar e operando santamente, consagram a Deus o próprio mundo[11].

Urge, pois, retornar com reforçada insistência à afirmação inicial: *uma definição da vida religiosa que queira constituir-se como evangelicamente correta e teologicamente aceitável há de precaver-se diante de toda tendência à especificação mediante qualquer tipo de separação, elevação ou privilégio.*

Isso coloca a vida religiosa, logo de saída, diante de uma tarefa difícil, pois parecem apagar-se repentinamente todos os seus sinais tradicionais de identidade: impõe-se reorientá-la por completo, renunciando talvez a hábitos muito benquistos e a evidências muito arraigadas. A exposição espanhola no Congresso de Superiores Maiores como preparação ao Sínodo de 1993 expressou-o com vigor: "o Concílio Vaticano II obrigou-nos a reformular com outras categorias a identidade teológica da vida consagrada, ao restituir aos seculares categorias como vocação, consagração, carisma ou missão"[12].

---

11. *Lumen gentium*, 34.
12. *Entender y presentar hoy la vida consagrada*, op. cit., p. 220.

De qualquer maneira, bem considerado, se a renovação for enfrentada com generosidade, a dificuldade também se transforma em *sinal de uma nova esperança*: ao romper o isolamento, a vida religiosa entra na circulação da vida comum e no calor da tarefa compartilhada. E em vista de nosso propósito consegue-se algo decisivo, pois desse modo abre-se um novo campo para a compreensão. Nenhuma forma de vida eclesial encontra-se agora isolada, pois sente que se pode e se deve viver e compreender em correlação de apoio e intercâmbio com as demais. Como diz também o texto do Congresso de Superiores Maiores: "A identidade particular de cada uma das formas é correlativa, porque todas elas coincidem em uma identidade fundamental: ser *christifideles*"[13].

2. Uma convergência fundamental: para "o Deus do mundo" ou para "o mundo de Deus"

2.1. Uma distinção básica: religião em sentido lato e religião em sentido estrito

Compreende-se de imediato que o enunciado não elimina toda identidade específica. Sua função é re-situar a busca, aguçando a consciência de que estamos diante de identidades vivas, que não admitem compartimentos estanques; melhor que isso, falam de interconexão vital, compenetração mútua, de fronteiras que se entrecruzam e se sobrepõem. Não se perde a identidade própria, mas agora só pode compreender a si mesma em transparência dinâmica com as demais.

Valendo-me de um toque hegeliano, diria que se manifesta aqui de maneira exemplar um traço fundamental que, segundo ele, caracteriza toda a realidade, enquanto constitui um todo unitário e global que, não obstante, garante — ou ao menos deveria garantir: Hegel

---

13. Ibid., p. 221. Quero aproveitar esta nota para assinalar que esta asserção, justamente por ter sido assim proposta, torna-se de uma clareza, uma profundidade e uma força extraordinárias. Irei levá-la muito em conta a seguir. É significativo o fato de o trabalho citado de F. WULF em *Mysterium Salutis* ser precedido por outro de D. WIEDERKEHR, "Diversas formas de vida cristiana en la Iglesia" (op. cit., p. 323-382), que serve de base para o estudo das diversas formas.

nem sempre é claro neste ponto — a verdadeira identidade de cada membro. Refiro-me ao "delírio báquico" que, como profunda embriaguez, dissolve as (más) particularidades, propiciando a identidade em uma "quietude translúcida e simples"[14]. É o que, de maneira mais normal e imediata, aparece com força na hora de buscar denominações específicas, pois, enquanto se aprofunda um pouco, logo a seguir percebe-se quão difícil se torna uma separação nítida entre elas. Acontece também com as mais simples e elementares, começando já porque nem sequer é fácil optar entre "vida religiosa" ou "vida consagrada" (afora o fato de que ambas podem ser igualmente aplicadas e com todo o direito a toda pessoa batizada). Em geral, não existe possibilidade de acertar atribuindo uma denominação que defina de maneira exclusiva um modo de vida, pois qualquer uma que se escolha pode ser reivindicada por outro e, por isso, nenhuma vem a ser plenamente satisfatória[15]. Isso explica, de passagem, que haver optado aqui por usar "vida religiosa" obedece a uma preferência sem direitos especiais diante da que lhe é contrária.

Convém, pois, que se proceda com cautela, passo a passo, aproximando-se lentamente do tema e retirando-se rapidamente, quando ameaçar a transgressão. O melhor será procurar reconstruir a estrutura fundamental da vida cristã desde as bases para, a seguir, situar em seu entrançado vivo cada forma concreta, o que já vem sendo realizado de diversas maneiras e, na realidade, nada do que vou dizer redunda verdadeiramente em novidade. Busca, talvez, trazer um pouco de clareza, assegurando a coerência tanto quanto possível.

Assim, é preciso reconhecer que em muitas oportunidades as novas propostas aparecem contaminadas por elementos velhos, de tal modo que nem sempre é fácil evitar certa impressão de confusão e mescla de paradigmas. E não se há de esquecer que, se é certo que, segundo a velha sabedoria, não convém perder-se em "questões de nomes", também o é que muitas vezes nada existe de mais prático que uma boa

---

14. *Fenomenología del espíritu*. México/Madrid/Buenos Aires, 1966, p. 32.
15. Também aqui a citada colocação espanhola atingiu, sem dúvida, um esclarecimento fora do comum; cf. op. cit., pp. 228-232; são páginas que merecem ser lidas.

teoria, superando-se ao menos o perigo de um puro nominalismo verbal. Acredito que um esclarecimento do que, em terminologia fenomenológica, podemos chamar a "essência" da vida religiosa pode colaborar muito para a lucidez e o acerto na busca atual.

Nesse sentido, creio ser útil uma observação de Paul Tillich, que, além disso, tem a vantagem de começar pelas raízes: ainda mais abaixo de nosso problema concreto. Com efeito, refere-se à *distinção entre religião e cultura*. Sabe-se muito bem que para ele não existe separação entre ambas, mas que "a religião é a substância da cultura, e a cultura a forma da religião"[16]. O Absoluto, o Santo, o Incondicional está presente em toda a realidade, pois sempre o estamos encontrando na parte mais radical de qualquer atividade humana. Acontece que isso se dá em duas formas fundamentais, que ele qualifica como "encontro com a realidade" e "encontro com o Santo".

Em ambas, ocorre um encontro *real* com o Santo. Na primeira, todavia, o encontro é meramente *implícito*, pois se realiza *no* próprio trato com as coisas e *nas* diversas funções do espírito humano: por isso, nesse caso, fala de "religião em sentido amplo". Em contrapartida, a segunda forma, a que chama "religião em sentido estrito", caracteriza-se por seu caráter *explícito*:

> No encontro com o Santo, a experiência do Absoluto não está unicamente implícita, pois é procurada conscientemente. O esforço intencionado por experimentar o Absoluto como tal é o que constitui a religião como religião e o que, ao mesmo tempo, a transcende infinitamente[17].

Na medida em que se tomar verdadeiramente a sério a continuidade entre criação e salvação, compreender-se-á que se anuncia aí um

---

16. Esta idéia está presente ao longo de toda a sua obra. Pode-se encontrar uma exposição ampla e exeqüível em sua *Teología Sistemática* III. Salamanca, 1987, pp. 187-201 e 300-342.

17. *Meine Suche nach dem Absoluten*. Wuppertal-Barmen, 1969, pp. 113-114. Como se sabe, Tillich caracteriza ao longo de sua obra a relação entre ambas as formas, dizendo que "a cultura é a forma da religião, enquanto a religião é o fundo da cultura"; no entanto, não iremos tratar agora deste tema.

tema de especial transcendência, que ainda deve dar muito o que *pensar* à teologia... e muito o que *realizar* à espiritualidade e à práxis cristãs[18]. Agora, porém, não se trata de prolongar essa exposição por si mesma, mas de prolongá-la em direção a nosso tema preciso. Essa primeira distinção faz ver intuitivamente a comunidade da vida religiosa com as demais formas da vida cristã: trata-se agora de avançar mais um passo, elaborando ainda um segundo plano.

2.2. Os dois pólos de toda experiência religiosa

Situando-nos já no âmbito da religião em sentido estrito e, mais concretamente, no da religião cristã, fica fácil ver que também nela se dá, por sua vez, uma distinção ulterior. Porque o viver Deus *expressamente* na realidade inclui necessariamente dois momentos ou movimentos distintos: 1) viver e trabalhar a *realidade* — a própria e a mundana — enquanto criada e salva por Deus; e 2) vivenciar *Deus* como criador e salvador da realidade. Ambos os momentos são necessários e indissolúveis, e ambos valem para todo cristão, pois constituem, em sua unidade, a vivência religiosa autêntica. Por essa razão, nos começos — no "período constitutivo da vida religiosa", por assim dizer — nem sequer havia clara consciência da distinção. Jesús C. R. García Paredes expressa-o muito bem:

> No fundo, a única meta a que aspiravam os crentes em qualquer forma de vida era a de "ser cristãos". Aqueles tempos não eram os dos "adjetivos", mas do substantivo. Até mesmo o próprio vocábulo "monge" veio a significar a existência cristã (Agostinho)[19].

Nesse sentido, gosto de dizer que, quando verdadeiramente se vive com base na fé e se evita a armadilha do dualismo religioso, "comer é tão santo quanto rezar"[20].

---

18. Segue essa mesma direção a intenção mais profunda de meu livro *Recuperar la creación. Por una religión humanizadora*. Santander, Sal Terrae, 1997.
19. *Teología de las formas de vida cristiana*. I: *Perspectiva histórico-teológica*. Madrid, 1996, p. 252; cf. pp. 167-254.
20. *Recuperar la creación*, op. cit., p. 74; cf. pp. 35-39 e 71-76.

O equilíbrio, porém, torna-se difícil. Na realidade, representa um ideal nunca alcançável plenamente. A síntese perfeita é tão-só uma esperança escatológica, ou seja, que se realizará unicamente na glória, quando "Deus seja tudo em todos" (1Cor 15,28) ou, o que é a mesma coisa, quando chegar a total transparência de Deus na realidade, e a da realidade em Deus. Enquanto isso, no tempo da história, devemos resignar-nos a vivê-lo em uma tensão nunca resolvida, que nos faz oscilar continuamente entre a acentuação de um ou de outro pólo.

Por outro lado, o enraizamento mundano de nosso ser faz com que em geral lhe seja mais fácil acentuar o *pólo da realidade*, até correr sempre o perigo de "perder-se no mundo", de "distrair-se", como diria Pascal. A experiência, às vezes de maneira muito dolorosa, diz que o *outro pólo* — ou seja, a consciência expressa de Deus e a vivência direta da relação com ele — pode ficar na penumbra ou até mesmo eclipsar-se no transcurso normal da vida. Daí a necessidade de dedicar tempos e esforços especiais a seu cultivo: tal é o sentido fundamental da oração, da liturgia e, em geral, de todas as atividades centradas de modo direto e expresso na dimensão mais explicitamente religiosa.

Porém, se isso é necessário para o *indivíduo*, o é também para a *comunidade*. Por isso, em toda religião surge a necessidade de pessoas e grupos que se dediquem, para o bem de todos, a cultivar de maneira expressa essa dimensão. São, portanto, modos de vida que nascem e se configuram em torno dessa preocupação, subordinando a ela — em maior ou menor medida, com dedicação mais ou menos totalizadora — as demais dimensões da própria existência. A percepção dessa especialização global está provavelmente na raiz da famosa distinção medieval, que Graciano expressa falando de *duo genera christianorum*, de "dois gêneros de cristãos": os clérigos (junto com os *conversi*, leia-se os "religiosos") e os leigos. O primeiro gênero caracteriza-se por estar "encarregado de um ofício divino e entregue à contemplação e à oração". O famoso texto merece ser lido:

> Existem dois tipos de cristãos. O primeiro, enquanto encarregado de um ofício divino e entregue à contemplação e à oração, convém que esteja longe de todo tumulto das coisas temporais. Dele fazem parte os clérigos e os que são dedicados a Deus, ou seja, os religio-

sos (*conversi*). Em grego, usa-se o termo *kleros*, que em latim se traduz por *sors*. Por isso tais homens são chamados clérigos, isto é, eleitos por sorte. Estes, de fato, são reis, regem a si mesmos e aos demais na virtude, e assim encontram em Deus seu reino. Esse é o significado da coroa (*coronilla*) que têm na cabeça (a "tonsura"). Usam a coroa, por disposição da Igreja romana, como sinal do reino que se espera em Cristo. A tonsura na cabeça indica que abandonaram todas as coisas temporais. Falta-lhes o alimento e o vestuário. Por isso não têm propriedade alguma para si mesmos e hão de ter tudo em comum.

O outro tipo de cristãos é constituído pelos leigos (do termo grego *laós*, que em latim se traduz por *populus*). A estes, sim, é permitido possuir bens temporais, porém apenas para o uso. Não existe coisa mais mesquinha do que desprezar a Deus pela riqueza. A estes é permitido casar-se, cultivar a terra, julgar entre homem e homem, decidir causas nos tribunais, depositar oferendas sobre o altar, pagar os dízimos. Assim poderão salvar-se, desde que evitem o vício e façam o bem[21].

A mentalidade medieval, com o que comporta, para nossa mentalidade, de discriminações e privilégios, não deve ocultar a intuição de fundo, definida pela *dedicação central da existência*. Mostra, ao mesmo tempo, como a vida religiosa não é um "apartado" na vida da Igreja, mas está incluída em um dos campos da divisão fundamental: ao lado dos clérigos.

A história fará com que sua especificidade vá se assinalando de maneira cada vez mais clara. Porém, sua origem interna alerta para não a enxergar nunca como algo exclusivo e isolado: junto dela, e às vezes sobrepondo-se a ela, encontram-se desde o começo também *outros modos de vida similares*, como o do sacerdote, o do profeta ou o do missionário. Recorde-se que na Igreja neotestamentária não aparece

---

21. *Decretum Gratiani*, II, q. 1, c. 7: PL 187 (884-885). Adoto o texto de J. C. R. GARCÍA PAREDES, *Teología de las formas de vida cristiana*, op. cit., p. 314; cf. comentário ibid., pp. 313-314.

sequer individualizada: de algum modo, cumpre intuir sua presença como um espírito disseminado no variado grupo dos "ofícios pastorais", como os apóstolos (em sentido amplo), os profetas e os doutores de que fala são Paulo (1Cor 12,28); ou as pessoas que viviam em virgindade (1Cor 7,1-38); ou os presbíteros, os *epískopoi*, os diáconos e diaconisas das Igrejas pós-paulinas.

Constituem, pois, todos eles *especializações no âmbito da experiência religiosa integral*. Ou, o que vem a ser a mesma coisa, são modos de vida parciais, no sentido de privilegiar um pólo — o "diretamente religioso" —, deixando em segundo plano o outro pólo, o "secular". Este é, em contrapartida, o privilegiado pelos outros modos de vida, que constituem o conjunto da vivência religiosa secular. Por essa razão, não se pode compreender ninguém a não ser em relação com os demais.

É importante salientar esse aspecto de maneira muito expressa, para evitar qualquer indício de parcialidade ou privilégio. Só na união e conjunção dos diversos modos incluídos nestas duas grandes modalidades é que se realiza o todo da comunidade, de tal sorte que nenhuma das duas modalidades — e dentro delas nenhum modo — pode considerar-se completa e acabada em si mesma, pois que cada uma precisa da outra para sua complementação. A comunidade obtém assim um equilíbrio fundamental, assegurando a presença de ambos os pólos, que desse modo se mantêm sempre disponíveis à vivência de todo cristão ou cristã.

2.3. Primeira especificação da vida religiosa: polarização no "Deus do mundo"

Dada essa íntima implicação, não é fácil encontrar um vocabulário adequado para expressá-la. Deverá evitar o exclusivismo, ao mesmo tempo em que precisa assinalar de algum modo a especificidade. Giorgio Gozzelino, por exemplo, falou de "profissionais do Absoluto" para referir-se à primeira modalidade. A expressão é forte, sem dúvida alguma. Entretanto, se conseguir evitar todo possível matiz de formalismo ou espírito de corpo, é preciso interpretá-la simplesmente como referindo-se àquelas pessoas que *se dedicam prioritariamente* ao cultivo dos valores nos quais se vivencia de maneira expressa a presença de Deus na vida humana[22].

Outros, seguindo idêntica orientação, falam que "o religioso deveria ser um especialista de Deus e da dimensão religiosa do homem"[23]. Em sentido correspondente, caberia então referir-se às pessoas incluídas na outra modalidade como aos "profissionais do mundo", uma vez que dedicam sua "profissão" ao cultivo e à humanização de algum aspecto do mundo.

Seja como for, prefiro o vocabulário enunciado no subtítulo acima. O conceito de "polarização" oferece a vantagem de que falar de um *pólo* remete sempre e por necessidade ao outro, de modo que o específico não aparece como monopolização excludente, mas apenas como *acento* peculiar. Além disso, a menção expressa de ambos, de algum modo, torna visível a necessidade de sua interação íntima, evitando o perigo da unilateralidade abstrata: quando se fala de polarização no "*Deus* do mundo", o sublinhado da primeira palavra — Deus — delimita bem a especificidade daqueles e daquelas que dedicam prioritariamente sua vida aos valores religiosos, ao passo que a presença da segunda — mundo — remete a sua necessária encarnação na realidade.

Nada, portanto, mais distante de qualquer "espiritualismo" que esta *espiritualidade*, necessariamente encarnada, uma vez que está centrada justamente no "Deus *do mundo*", vale dizer, em um Deus que não quer a si mesmo nem a seus adoradores mais do que em união ativa com o mundo criado e sustentado por seu amor. A polarização no "*mundo* de Deus", por sua vez, deixa patente que a prioridade da dedicação laical aos trabalhos do mundo não consiste em um secula-

---

22. G. GOZZELINO, Vida consagrada, em *Diccionario Teológico Interdisciplinar* IV. Salamanca, 1987, pp. 642-668 (659-660). Trata-se de um excelente artigo que pode esclarecer muitas coisas das que pretendo aqui expressar. Não obstante, devo notar uma diferença importante: enquanto esta passagem de minha reflexão fala ainda do *conjunto* dos modos de vida distintos do laical, ele já se refere diretamente à "vida consagrada". Isso explica de imediato as dificuldades — creio que insuperáveis — que encontra, por exemplo, ao procurar uma relação correta entre a vida religiosa e o clero diocesano (cf. pp. 662-663).

23. L. BOFF, *Vida religiosa y secularización*. Colômbia, Clar, 1976[2], p. 34.

rismo arreligioso, pois, cultivando o "mundo *de Deus*", realiza-o enquanto fundado por sua ação criadora e animado por sua presença salvadora[24].

Além disso, creio que dessa maneira fiquem bem esclarecidos dois aspectos importantes. *Primeiro*: a "especialização" da vida religiosa — que no jargão lingüístico da teologia dizemos com razão que é suscitada pelo *Espírito* na Igreja — responde a uma dinâmica geral de toda a sociedade; é o que, no jargão lingüístico da sociologia, é conhecido como a divisão do trabalho social. O já citado Gozzelino expressa-o muito bem:

> Para apreender o significado profundo dos consagrados, é necessário prestar atenção a uma lei da vida que se aplica em todos os níveis: nenhum valor primário se sustém sem a concentração de um grupo de pessoas que se dediquem por completo a sua sustentação e seu desenvolvimento. Por mais que a saúde física (...) seja um valor buscado e promovido por todos, não pode manter-se sem um corpo de especialistas (médicos, higienistas, enfermeiros etc.) e de estruturas (hospitalares, assistenciais etc.) comprometidos completamente com ela. O mesmo ocorre com cada um dos outros valores. E também com o valor religioso...[25].

O *segundo* aspecto diz respeito ao fato de que assim se confirma o que até aqui foi ressaltado com insistência: na divisão de atribuições não existe, em princípio, separação nem privilégio de tipo algum, pois cada função encontra seu sentido, sua legitimidade e seu complemento na união e na colaboração com as demais.

Por um lado, a vida religiosa tem seu sentido e sua justificação no fato de que, juntamente com outros modos de vida afins, procura assegurar para todos a vitalidade e a eficácia de *uma* dimensão fundamental da vida cristã. Possui, portanto, um sentido *em si mesma*; porém, para que tal sentido seja completo, em sua definição e em sua confi-

---

24. É o que sugere de maneira muito expressiva o título de J. A. GARCÍA, *En el mundo desde Dios. Vida religiosa y resistencia cultural*. Santander, Sal Terrae, 1968.
25. Op. cit., p. 660.

guração, não pode prescindir da abertura e do serviço *aos demais*. Isolada e fechada em si mesma, seria uma vida desequilibrada e, decisivamente, contraditória: baste pensar o quanto seria inviável e mesmo absurdo um mundo no qual todos se dedicassem a uma vida contemplativa e celibatária.

Por outro lado, tanto a vida religiosa como os modos de vida a ela afins necessitam, por sua vez, da contribuição e do serviço dos que se configuram em torno do outro pólo, o secular: primeiro, porque, para que todos possamos comer, instruir-nos ou cuidar da saúde, são necessários modos de vida que se dediquem prioritariamente à agricultura, ao ensino ou à medicina; em segundo lugar, porque, de outro modo, a vida cristã — que, definitivamente, consiste em viver Deus na criação e em prolongar a criação em Deus — ficaria mutilada em sua integridade.

Como talvez se tenha observado, talvez com certa estranheza, até aqui não fiz menção especial a *Jesus de Nazaré*. Muito embora, como é natural, sua presença tenha estado na base de tudo quanto foi dito, o silêncio foi intencional. Com efeito, trata-se de ressaltar o caráter geral e de princípio que assume a reflexão. E também para lastrá-la de realismo. Quando se afirma, por exemplo, que Jesus é o modelo de *todos* os modos de vida cristãos, enuncia-se uma profunda verdade. Entretanto, se não se quer cair em idealismos que de nada valeriam, é preciso entender que não pode sê-lo no sentido de que seja modelo concreto e diretamente exercido, de todos e de cada um: isso é simplesmente impossível, dada a limitação de uma vida humana.

Jesus é modelo para todos, porém dentro do entramado relacional da comunidade, enquanto, vivendo com plena autenticidade e abertura o modo concreto que lhe é próprio, transforma-se em paradigma para que também os demais possam viver bem o seu. Só o pensar que ele não pode ser modelo concreto e direto para viver cristãmente a velhice, pela simples e elementaríssima razão de que, se morreu jovem, não poderia ao mesmo tempo chegar a ser idoso, é perfeitamente compreensível. Todavia, o modo de viver *suas* etapas vitais sem dúvida ajuda a todos para que possam viver autenticamente as próprias. Ainda mais clara e relevante é, se assim podemos expressar, a referência à mulher: sendo homem, não pode ser "modelo" imediato do viver cristãmente a própria feminidade; no entanto, isso é possível enquanto, vivendo autenticamente como homem em relação com a mulher, estende-se também para esta sua exemplaridade paradigmática. Nesse sentido, é evidente que Jesus viveu a concreção de sua vida como polarizada pelo "Deus do mundo". Sua dedicação situa-se, portanto, e de modo bem resoluto, em um lado da polaridade. Porém, ao vivê-la em abertura e serviço para a comunidade e em correlação com ela, não pode ser monopolizado por esse único pólo. Por essa razão, é também modelo *real e verdadeiro* — não como mera "imitação", mas como "seguimento" vivo e criativo[26] — para *todo* cristão e *toda* cristã. Ademais, temos a sorte, por assim dizer, de que seu próprio modo de vida apresenta uma enorme amplitude. O fato de ter sido *leigo* e conduzido uma vida de apostolado muito *ativo e encarnado* evita o perigo de todo monopólio, sobretudo dos dois aos quais esteve sempre mais exposto: o dos clérigos e o dos religiosos.

3. O perfil específico da vida religiosa: polarização no "contemplativo"

Por conseguinte, a exposição conseguiu certamente, até agora, delimitar uma especificidade da vida religiosa, situando-a em um dos dois espaços fundamentais em que se divide a vida cristã: o que, de maneira primordial, forma seu núcleo em torno do cultivo dos "valores diretamente religiosos". Isso a especifica, podemos dizer, em face do outro, o espaço laical (o que constitui seu núcleo prioritariamente em torno dos valores seculares). Nesse nível, todavia, sua especificidade não é exclusiva, mas, melhor dizendo, genérica, pois compartilha seu espaço com outros modos de vida afins, ou seja , com todos os não estritamente laicais.

Muito embora a distinção venha a ser elementar, insisto que não seja pouco o que com ela se lucrou, pois proporciona um marco decisivo

---

26. Não é casual a insistência da nova espiritualidade nesta distinção.

de inteligibilidade, ajudando a compreendê-la com maior clareza, sem risco de cair nas duas graves armadilhas já assinaladas: isolá-la como um fim em si mesma e a tendência a vê-la como um estado privilegiado ou superior. O primeiro levou demasiadas vezes a uma interpretação sacralizante, abstrata, reduzindo mesmo a vítima, o que acaba fazendo dela algo estranho, "como um mundo dentro do mundo"[27]. O segundo, muito apoiado no anterior, deformou a visão, rompendo o espírito de fraterna igualdade evangélica e ameaçando a unidade radical do povo de Deus.

Entretanto, isso estabelecido, impõe-se agora buscar logo seu *lugar próprio* nesse espaço comum. Assim será possível compreender mais facilmente tanto seu *perfil específico* como o significado de suas *variedades*. Lembrando, no entanto, que em caso algum é possível esperar, e no fundo nem seria desejável, uma delimitação geométrica de contornos abruptos e limites intransponíveis. Trata-se principalmente, agora mais do que nunca, de assinalar acentos e marcar polaridades, sem pretensões nem de classificação única nem de exatidão inamovível. Até o ponto em que se faz necessário advertir que, nesse sentido, os contatos e sobreposições que necessariamente ocorrem à medida que as polaridades se tornam menos acentuadas, longe de ser sinal de confusão, podem constituir-se em indício de acerto.

O que importa, antes de tudo, é conseguir uma *lógica viva*, que permita compreender seu surgimento a partir do dinamismo íntimo que conduz à organização desse espaço comum em modos de vida distintos. Será preciso, pois, continuar com o "método genético" utilizado até aqui.

A vida humana é, felizmente, rica e polifônica. Assim sendo, tal como o cultivo da dimensão secular se divide em uma infinidade de ofícios, também o da dimensão transcendente necessita concretizar-se em diversos modos de vida. São, portanto — como sempre ocorre com a vida —, muitos e bastante diversificados. Contudo, a referência

---

27. L. BOFF, op. cit., p. 14. O interesse que desperta esse breve trabalho advém do fato de insistir com vigor na complementaridade entre a vida religiosa e a secular, na mesma vivência cristã.

a uma mesma dimensão faz com que, apesar de sua enorme diversidade, dificilmente unificável, não constituam um todo caótico. Observando o conjunto, é possível perceber que se reorganizam em torno de *uma segunda polaridade fundamental*, que, adotando os conceitos com certa amplitude, se torna adequado denominar como o "pastoral" e o "contemplativo".

Para esclarecê-lo, convém levar em conta duas coordenadas decisivas. A primeira está radicada na *referência à comunidade eclesial* (*e mundana*), pois nenhum modo pode ser entendido sem tomar em consideração o serviço prestado a ela. A segunda é definida pelo tipo de *compromisso existencial* peculiar a cada um, pois toda práxis verdadeiramente religiosa exige um caráter vivencial e performativo, que não deve reduzir-se nunca a um simples "como se" ou a mero serviço burocrático.

Pois bem, a interseção de ambas as coordenadas permite detectar uma polarização dos modos de vida pertencentes a esse espaço. Ainda que todos se alinhem, por assim dizer, em uma mesma coordenada horizontal, não o fazem de maneira uniforme, mas tendem a organizar-se em função de sua orientação para dois pólos distintos. Alguns orientam-se mais claramente para o "pastoral" e apostólico, ao passo que outros, ao contrário, inclinam-se para "contemplativo". (As aspas têm por fim insistir novamente em que não se trata de uma divisão estanque, uma vez que, quando se trata de polaridades, ambos os elementos devem estar presentes em todos e em cada um dos modos concretos: diferenciam-se, simplesmente, segundo a maior tendência ou aproximação de um ou de outro pólo.)

Convergem para o primeiro, o *pastoral*, os modos que se definem antes de tudo por dirigir-se diretamente a *atuar na comunidade eclesial* (e, nessa dimensão, também na *humana*), para promover nela os valores religiosos. Por isso atuam principalmente por meio da pregação, do culto, do governo ou da organização dos diversos serviços. A hierarquia e, em geral, o clero secular seriam de algum modo o caso típico, ladeados talvez, em grau distinto e com diversas modalidades, pelos diferentes serviços dos agentes pastorais (hoje em grande efervescência). Evidentemente, neles deve estar presente o compromisso existencial, mediante o cultivo do vivencial e contemplativo; porém, sua nota característica é o *serviço* direto e ativo. Quando se fala de "espiritualidade sacerdotal", por exemplo, não é admissível prescindir desse aspecto.

Orientam-se para o segundo pólo, o *contemplativo*, os modos acentuadamente voltados a *cultivar e saborear a dimensão religiosa em si mesma*. Neles é prioritário configurar a própria existência de maneira que assegure a possibilidade dessa vivência pessoal do transcendente e facilite ao máximo seu cultivo. Daí a importância que usualmente atribuem à *vida comunitária* como meio e garante dessa configuração. As atividades mundanas não são abandonadas de imediato, mas passam para um segundo plano. É evidente que a função pastoral e apostólica tem muita importância, porém seu aspecto típico está — ao menos idealmente — em acentuar o *testemunho existencial*, no sentido de que essa função é determinada antes de tudo, mais do que pela ação direta, pelo tipo e pelo próprio exemplo da vida. Digamos que seu aspecto mais típico é "profetizar sendo"[28]: por isso um monge é concebível sem ação pastoral direta, o que careceria de sentido em um sacerdote. Donde se depreende que os modos de vida conhecidos como *contemplativos* ou *de clausura* (já não se diga o anacoretismo) são as acentuações extremas dessa polaridade.

(Contra isso não deveria constituir uma objeção a enorme variedade de formas e dedicações na vida religiosa. O testemunho do Transcendente, que é o central, tende por si mesmo a transformar-se em serviço direto, assimilando-se ao "pastoral" ou também ao "laical", quando o contato pessoal ou, inclusive, a necessidade de suprir serviços — eclesiais, mas também seculares — assim o exige. O fenômeno acentua-se quando os religiosos são também sacerdotes: certas tensões e até conflitos, nem sempre fáceis de resolver, têm aqui sua raiz principal.)

Sintetizando o que foi dito até agora, aparece com suficiente clareza o lugar preciso onde, dentro da comunidade eclesial, se situa a *vida religiosa* em todas as suas variedades. Atendendo à distinção mais fundamental e primária, fica definida por sua *dedicação prioritária aos valores*

---

28. Cf. A. BANDERA, *Teología de la vida religiosa. La renovación doctrinal del postconcilio*. Madrid, 1985, pp. 76-78.

diretamente religiosos, o que a distingue dos modos de vida seculares, incluindo-a no grupo a eles contraposto, junto, por exemplo, do clero ou dos missionários. Em uma segunda distinção, diferencia-se também desse grupo (o mais "pastoral") por estar *voltada para o pólo contemplativo*, pois, por um lado, configura sua vida de modo que possibilite e fomente dentro dela a vivência prioritária desses valores e, por outro, por meio sobretudo do testemunho, os faça visíveis e disponíveis em favor da comunidade.

Muito embora provoque quase certa repulsa toda tentativa de encerrar em um quadro o que constitui uma fértil fluência vital, talvez valha a pena representar um esquema sinótico da estrutura que se procurou colocar às claras até aqui:

religião				
	sentido lato	dedicação ao mundo de Deus	pólo pastoral: apóstolos, clero, missionários	
	sentido estrito	dedicação ao Deus do mundo	pólo contemplativo: *religiosos*	acento pastoral
				acento contemplativo

O esquema torna ainda mais intuitivo algo que já fica indicado: em caso algum pode se tratar de divisões excludentes, mas de *polarizações* que supõem sempre uma comunidade prévia e fundamental. Paul Tillich insistia em que tal comunidade se dá inclusive na primeira distinção, entre religião e cultura (religião em sentido lato e em sentido estrito). Com relação à segunda (dedicação ao mundo de Deus e ao Deus do mundo), o Vaticano II deixou patente de modo solene a comunidade radical e basilar da Igreja, de tal modo que ela é prévia, sustentando-a, com toda a diferenciação em leigos, hierarquia ou religiosos. A terceira distinção (o pastoral e o contemplativo na dedicação do Deus do mundo) é menos rigorosa ainda, se assim se pode dizer, pois as convergências e as sobreposições tornam-se evidentes. Na quarta culmina a convergência; por isso, em vez de "pólo", falo simplesmente de *acento*, pois neste caso a convergência — que às vezes tende à coincidência — não só ocorre entre os religiosos de acento contemplativo e os de acento pastoral, mas entre eles e todos os demais pertencentes ao pólo propriamente pastoral.

Compreende-se também facilmente que, como vida realizada no mundo e em favor da comunidade, a vida religiosa, por específica que seja, deveria tender a esses intensos e numerosos contatos com todos os modos da vida cristã. Ocorre a partir de seu enraizamento na própria vida laical, ou, se preferirmos, na vida cristã como tal, pois, como salientou por exemplo Raimon Panikkar[29] consiste, definitivamente, na constitutiva e irrenunciável dimensão "monástica" de toda existência crente. Forçosamente, o fenômeno tem de acentuar-se com relação aos modos de vida incluídos no outro pólo: os de vida diretamente pastoral; daí, como acabamos de ver, as sobreposições se tornarem tão intensas que, no exercício prático, as diferenças tendam não poucas vezes a desvanecer-se.

Inclusive, cabe assinalar que, em conjunto, deu-se certo *deslocamento histórico* dos religiosos em direção ao pólo pastoral, como demonstra o fato de que numerosas ordens inicialmente com vida de clausura, movidas pelas circunstâncias ou solicitadas pelas necessidades concretas, abriram-se a uma intensa vida diretamente apostólica. Em conseqüência, as pessoas religiosas dedicadas à vida pastoral — entre elas, principalmente os sacerdotes — tendem não poucas vezes a confundir-se com o clero. Neste ponto, a influência da Companhia de Jesus foi decisiva, e é significativo o fato de que Inácio de Loyola tenha tido consciência da novidade, assim como Suárez procurou justificá-lo teologicamente[30]. (Mas ele explica, assim mesmo, que em certos setores da vida religiosa surgiu uma reação de resistência diante desse processo de clericalização, manifestada, por exemplo, na nega-

---

29. *Elogio de la sencillez*. Estella, 1993.
30. Cf. a exposição sucinta de J. C. R. GARCÍA PAREDES, op. cit., pp. 449-452.

tiva a serem ordenados sacerdotes quando não o exigisse uma necessidade eclesial ou comunitária muito estrita[31]).

Seja como for, essa conjunção constitui, sem dúvida, o fator mais decisivo no nascimento das numerosas modalidades presentes no âmbito da vida religiosa. Estas costumam caracterizar-se precisamente por sua dedicação pastoral específica. E é compreensível, principalmente quando essa dedicação é ditada pela atenção ao próximo não atendido ou maltratado, pois uma existência configurada a partir de Deus não pode ficar indiferente diante da necessidade, da miséria ou da marginalização do irmão (por coerência íntima, o *testemunho* do Deus que é amor converte-se então em *ação* amorosa).

---

31. Cf. E. MIRÓN, "Nómadas o sedentarios", *Cistercium* 210 (1998), 267-304.

II
Situação atual da vida religiosa

Diga-se desde logo que a exatidão rigorosa é impossível aqui, motivo pelo qual essa "distribuição" necessitaria de muitas precisões. A afinação última haverá de provir, sem dúvida, dos esforços de reflexão nascidos dentro da própria vida religiosa. Gosto, porém, de pensar que meu propósito de compreensão a partir da "exterioridade empática" de teólogo não pertencente a ela pode ajudar na difícil tarefa de ir esclarecendo a situação atual. As considerações a seguir orientam-se nessa direção.

1. Historicidade e relativização das formas concretas

A caracterização feita até aqui permite compreender intimamente dois elementos importantes. Primeiro: não é uma casualidade o fato de que na vida religiosa tenham ido aparecendo formas tão diversas ao longo da história, e o de que as sobreposições entre elas sejam contínuas e inevitáveis. Segundo: tampouco o é o fato de que, apesar de tantas variedades, a tradição tenha descoberto um inconfundível "ar de família" que lhes confere unidade específica.

Talvez seja mais importante ainda, porém, o fato de ficar assim patente *a intencionalidade íntima* que articula e funda internamente essa rica floração histórica de modos e estilos. Isso tem, logo de saída, uma conseqüência decisiva: a de oferecer um critério básico para julgá-las em sua maior ou menor oportunidade atual. Com efeito, ao trazer para primeiro plano a distinção entre a intenção fundamental e suas diversas concreções, coloca a descoberto sua *radical historicidade*. Elas não são nunca o que é decisivo e permanente, mas simples modos de realizá-lo nos diferentes tempos e lugares, conforme a situação da Igreja e as necessidades do mundo.

Equivale a dizer que as diversas formas da vida religiosa em geral e os modos concretos como cada uma se realiza não podem ser nunca um fim em si. Melhor dizendo, são os meios pelos quais se busca, em cada época, aquela configuração que lhes permite realizar sua essência mais íntima. Do anacoreta perdido na solidão do deserto ao monge integrado nos grandes mosteiros barrocos existe um enorme percurso histórico, que não nega uma continuidade fundamental; do mendicante de porta em porta no mundo medieval a seu contemporâneo, o douto professor da *universitas studiorum*, havia sem dúvida uma enorme distância de estilo que, não obstante, não rompia a unidade do modo de vida, integrado muitas vezes na mesma ordem; e o mesmo ocorre hoje entre a comunidade integrada na pastoral da grande cidade, as monjas do convento vizinho de clausura ou o pequeno grupo semeado como trigo fecundo em uma aldeia perdida.

Depreende-se disso que nenhum modo, configuração ou estilo pode pretender exclusividade, do mesmo modo que nem sequer se pode negar a nenhum a legitimidade de princípio em sua opção, pois todos brotam da mesma raiz, diversificados unicamente pela índole do terreno, pela sazão das estações ou pelos avatares da história. Mas também, e por isso mesmo, todos e cada um precisam estar dispostos a revisar continuamente seus modos atuais, para ver se encarnam *verdadeiramente e para hoje* a finalidade essencial. É o que o Vaticano II, em seu decreto sobre a vida religiosa, proclamou sob o mesmo título como a necessidade de uma "adequada renovação". Como critério fundamental, assinala justamente a dialética decisiva entre, de um lado, "um retorno constante às fontes de toda vida cristã e à inspiração primigênia dos institutos" e, de outro, "uma adaptação destes às condições cambiantes dos tempos"[1].

Basta continuar lendo o decreto e, sobretudo, lançar um olhar às profundas mudanças operadas em todos os setores da vida religiosa para constatar que não se trata de uma afirmação banal ou de um chamado meramente protocolar. Faz-se aí alusão a uma necessidade muito profunda e se anuncia uma *autêntica revolução*, que não só removeu até os alicerces as antigas configurações, mas constitui ainda um processo em andamento, de conseqüências imprevisíveis. A começar pelos aspectos mais externos, como o modo de vestir, as atividades apostólicas e as concepções mais íntimas na vivência dos votos, tudo experimentou uma verdadeira transformação. Isso pode provocar angústia ou exaltação, segundo os casos; no fundo, porém, deveria ser sempre sinal de esperança. Decisivamente, trata-se da mais genuína dialética da vida, que se efetua sempre no abandono de velhas formas e na abertura de novas iniciativas.

É válido aqui, como em poucos casos, o sábio conselho de Spinoza: "não rir, não chorar, não detestar, mas compreender"[2]. Compreender, para conseguir a lucidez do diagnóstico e propiciar a liberdade e a coragem da decisão. Algo muito importante, para o bem da própria vida religiosa, mas também da Igreja e da humanidade.

2. O critério decisivo: tornar a intenção fundamental possível e visível

Passa por esta questão, sem deixar margem a dúvidas, o grande desafio com que se defronta a vida religiosa hoje. Razão pela qual, seguindo a chamada do Concílio, é tão importante buscar pautas de renovação e critérios de orientação. O próprio delineamento indica que não há como esperar seguranças nem acertos definitivos. Mas tampouco seria bom deixar tudo à espontaneidade irrefletida ou à simples necessidade do momento.

---

1. *Perfectae caritatis*, 2.
2. *Tractatus theologico-politicus*, c. 2, § 7.

Em princípio, ninguém quer que seja assim. A pressão da vida, porém, reforçada muitas vezes pela drástica redução de efetivos, pode levar mais à *acomodação* para resolver pausadamente os problemas imediatos do que à *renovação* lúcida, corajosa e meditada. A própria teologia precisa levar a sério a necessidade da mudança que a nova solução está postulando; mudança não meramente acidental, mas de estrutura e até de paradigma. A importância desse tipo de considerações, que podem parecer muito distantes da vida concreta, reside justamente na *elevação da perspectiva*. Não pode — nem pretende — oferecer soluções imediatas, mas procura esboçar uma espécie de "tipos ideais" (Weber) que permitam não restringir, mas orientar a multiplicidade da vida e a dispersão das iniciativas.

Assim, por exemplo, e para começar pelo mais profundo e essencial, o "método genético" utilizado até aqui nestas reflexões faz ver que, para encarar a renovação, fazer girar a reflexão em torno dos *três votos clássicos,* como se só neles se concentrasse todo o problema da nova identidade, não constitui um caminho adequado. Com isso corre-se o risco de ficar reduzido a um procedimento formal, que vai de fora para dentro ou de cima para baixo, quando o procedimento justo deve ser exatamente o contrário: não são os votos que constituíram a vida religiosa, mas sim ela que historicamente, por necessidade interna, se projetou neles para expressar sua intenção profunda e tornar possível sua realização. Como muito bem afirma Jean M. R. Tillard, definitivamente, "os votos são como uma glosa existencial do voto de si mesmo"[3].

Neles, porém não só neles, pois todos os demais elementos que entram na conformação da vida religiosa nascem da mesma raiz e contam com idêntica justificação. Não se trata de uma constatação banal, mas que aponta para o mais decisivo, pois indica onde está a raiz última que define toda a legitimidade neste campo, seja qual for o aspecto ou elemento em questão. Em última instância, *algo será legítimo* na justa medida em que contribuir para configurar um modo de vida que seja vivência e manifestação do "Deus do mundo", isto é,

---

[3]. J. M. R. TILLARD, Vie consacrée, em *Dictionnaire d'Espiritualité* 16 (1993), 711.

enquanto ajudar a conseguir uma vida que em si mesma constitua seu núcleo em torno do cultivo direto do transcendente e que, em sua manifestação, sirva de testemunho a serviço dos outros. O restante, todo o restante, deve ser relativo a essa decisão central, para possibilitá-la e potencializá-la. Compreende-se isso com facilidade quando se trata de elementos externos, como o já mencionado *modo de se vestir*, por exemplo. O Concílio expressou-o de um modo tão preciso quanto inequívoco:

> O hábito religioso, como sinal que é da consagração, seja simples e modesto, pobre e ao mesmo tempo decente, que se adapte também às exigências da saúde e às circunstâncias de tempo e lugar, e se acomode às necessidades do ministério[4].

Adverte-se desde logo que a citação não apresenta demasiado interesse por si mesma, embora não deixe de ter sua importância em virtude de sua significatividade imediata, segundo o princípio de que cada sinal fala nas coordenadas de seu próprio contexto e que, portanto, "só sinais seculares falam do mundo secular"[5]. O interesse advém sobretudo de seu valor paradigmático, pois, justamente por se tratar de um caso fácil e evidente, esta afirmação pode servir de certo modo como modelo para os casos mais difíceis e intricados. E não menos paradigmática se torna a enérgica conclusão que, a partir desse princípio, fecha o parágrafo conciliar: "O hábito, tanto de homens como de mulheres, que não se ajustar a estas normas deve ser modificado".

A aplicação torna-se ainda relativamente fácil quando se refere a outras *realidades mais ou menos externas*, como as características da habitação ou a organização da convivência. Entretanto, vai se tornando mais difícil à medida que se aproxima dos aspectos mais íntimos e substanciais, sobretudo porque o critério fundamental, sem deixar de ser prioritário, há de concretizar-se segundo as distintas modalidades do serviço evangélico. Assim ocorre, por exemplo, com *o trabalho ou a dedicação profissional* da comunidade ou de algum membro dentro dela.

---

4. *Perfectae caritatis*, 17.
5. L. BOFF, *Vida religiosa y secularización*. Colômbia, Clar, 1976², p. 33.

E também aqui escalona-se a dificuldade. Não oferecem problema os tipos de trabalho que seguem o princípio paulino de trabalhar para o próprio sustento, de maneira que não se veja ameaçada a gratuidade ou a liberdade do anúncio (cf. 1Cor 9,15.18; 2Cor 11,9-10...). Tampouco o oferecem aqueles destinados a suprir necessidades não atendidas pela sociedade civil, principalmente as que se referem aos mais pobres, sofredores ou marginalizados. Nascem claramente do amor, e sua transparência quanto à intenção fundamental é patente para todos. Quanto ao mais, contam com o aval, claro e repetidamente expresso, do próprio Jesus de Nazaré, que chega a afirmar que o cuidado do homem é mais importante que a glorificação do sábado (Mc 2,27); revalidou-o o evangelista João, ao insistir em que "quem não ama seu irmão, a quem vê, não pode amar a Deus, a quem não vê" (1Jo 4,20); e o compreendem de maneira admirativa e praticamente unânime as pessoas normais, sempre acolhedoras com relação a formas de vida religiosa como as dedicadas às missões, aos idosos ou aos enfermos mais ou menos abandonados.

Entretanto, se isso for ultrapassado, tudo se torna mais árduo, e a busca de novas soluções requer ainda muito discernimento.

3. Uma questão particularmente difícil: a reconfiguração do trabalho

O problema torna-se agudo quando os trabalhos, mesmo realizados com generosidade e sacrifício, não oferecem essa transparência. Ofereceram-na talvez em seu nascimento, quando, como os mencionados, originavam-se do amor cristão solicitado pelos excluídos e suas necessidades não atendidas. Além do mais, sabe-se muito bem que essa foi a origem de grande parte das ordens religiosas.

Todavia, a transparência obscureceu-se ou, inclusive, perdeu-se total ou parcialmente, quando — em muitos casos graças às próprias ordens — essas necessidades foram sendo supridas pela sociedade civil, como ocorreu em grandes proporções com a medicina, o ensino ou a promoção da mulher. Porque então a continuação desses trabalhos pode até mesmo chegar a inverter o significado inicial, convertendo-o em seu oposto, pois muitas vezes a sociedade já percebe neles apenas a inércia de uma herança histórica, quando não o afã de lucro ou a ânsia de poder. Em tempos de escassez de trabalho, o fato pode inclusive chegar a ser visto como uma concorrência mais ou menos ilegítima.

Compreende-se de imediato que está fora de lugar, e qualquer simplificação neste tema resulta como sumamente injusta. Dada a amplitude do processo secularizador, que abrange grande parte das atividades tradicionais, o desafio é de um caráter sem precedentes. Não só porque às vezes pode afetar a própria capacidade de sobrevivência material, mas porque no exercício desses trabalhos colocou-se muita vida e muita esperança, a tal ponto que em torno deles forjou-se e cristalizou-se uma parte muito importante da espiritualidade. Abandoná-los sem mais nem menos, ou submetê-los a uma revisão demasiado drástica, pode criar uma situação de desamparo e também uma sensação de infidelidade às próprias origens, que muitas vezes têm neles sua motivação inicial.

Porém, ao mesmo tempo, não seria oportuno fechar-se de antemão a todo debate sobre o assunto. Negar-se a uma revisão dos *modos*, quando as circunstâncias mudaram radicalmente, pode encerrar um perigo mortal, porque sob uma fidelidade de superfície pode permanecer disfarçada uma infidelidade de fundo, que acabaria por ocasionar conseqüências fatais. É evidente que em questão tão delicada há de ser a própria vida religiosa, e nela os diversos grupos, que a partir de dentro e com radicalidade evangélica irão elaborando as próprias soluções. De fora, só tem lugar a colaboração fraternal e, insista-se, a contribuição de uma perspectiva ao mesmo tempo diferente e empática.

Parece não ser admissível renunciar ao *princípio fundamental*: seja qual for a solução adotada, há de vir definida pela decisão de reconfigurar a vida do grupo, de tal maneira que possa constituir seu núcleo em torno do cultivo direto e expresso dos valores evangélicos; vale dizer, de sorte que *aqui e agora*, nas novas condições socioculturais, possibilite e promova sua vivência para o próprio grupo e os faça visíveis como um testemunho significativo para os demais. Bem considerado, esse princípio constitui o *cantus firmus* do decreto conciliar, todo ele perpassado por um duplo chamado: ao cultivo da radicalidade evangélica por meio do próprio carisma, de um lado, e, de outro, à missão para os demais a partir de dentro da vida da Igreja.

É também o que está ressoando no empenho, hoje tão vivo, em reviver o próprio *carisma* dentro de cada ordem ou congregação. Ele representa o modo primigênio como no passado brilhou para elas a intenção fundamental, constituindo, portanto, uma orientação básica para mantê-la no futuro. É preciso unicamente advertir — e com clareza e energia — que isso não pode ser feito hoje sem mediações, sobretudo sem levar em conta a diferença introduzida pelo tempo.

Com efeito, não se trata de mera repetição, mas de *atualizar o de então, de modo que se torne significativo para hoje*. É o que a hermenêutica moderna denomina a "fusão de horizontes" mediante a elaboração da "distância temporal"[6]. Dito de maneira mais concreta e inteligível: é preciso revitalizar o carisma, transformando-o de modo que possa significar no horizonte do tempo atual o que *verdadeiramente* significava no antigo.

Talvez sirva de ajuda para compreendê-lo a distinção cuidadosa entre a *intenção de fundo* e sua *concreção* segundo as necessidades do próprio tempo. Tomemos, por exemplo, o caso dos cuidados de saúde. Evidentemente, se uma ordem se decide a atender os enfermos ou, inclusive, foi fundada com esse fim, sua intenção de fundo não é primariamente *sanitária*, ou seja, cuidar e fomentar a saúde como um valor que, em si mesmo, deve ser cuidado e fomentado pela sociedade: esse é justamente o papel dos médicos e das instituições de saúde. É claro que o religioso ou a religiosa que entram nesse campo não negam esse valor; porém, sua intenção é antes de tudo *evangélica*, nascida do amor ao enfermo *na qualidade de pessoa necessitada*. Seu motor decisivo é a vivência e o testemunho do Evangelho, que ordinariamente se concentra enquanto testemunho e promoção dos valores expressamente religiosos; todavia, posto que os valores religiosos buscam sempre a encarnação, *neste caso* a vivência e o testemunho manifestam-se *também* como cuidado da saúde e por seu intermédio.

---

6. Cf. H. G. GADAMER, *Verdad y método*. Salamanca, 1977, pp. 447-458.

Situação atual da vida religiosa

A prova está em que, se esse cuidado estivesse devidamente suprido, o mais provável e normal seria que o religioso ou a religiosa não se dedicassem a ele; e, de qualquer maneira, fica claro que nem por isso sua vida perderia o eixo. Antes, e melhor ainda, poderia ficar livre para vivê-lo e testemunhá-lo de outra maneira. Nesse ponto, a atitude de Jesus de Nazaré é luminosa. Seu distanciamento, e até sua rejeição, de qualquer trabalho civil como missão propriamente sua é evidente: não só se opõe resolutamente a assumir um papel diretamente político como o de ser "rei", mas nega-se também a entrar em discussões "especializadas" ("dai a César o que é de César"). Evita inclusive de maneira expressa uma petição clara que o aproximaria de um "serviço civil":

> Do meio da multidão, alguém disse a Jesus: "Mestre, dize a meu irmão que reparta comigo a nossa herança". Jesus lhe disse: "Quem me estabeleceu para ser vosso juiz ou para fazer as vossas partilhas?" (Lc 12,13-14).

Em contrapartida, nunca se nega quando o trabalho ou serviço por si mesmo mostra-se como manifestação do Reino:

> Ide relatar a João o que tendes visto e ouvido: *os cegos recuperam a vista, os coxos andam direito,* os leprosos são purificados e *os surdos ouvem, os mortos ressuscitam, a Boa nova é anunciada aos pobres* (Lc 7,22).

Essa constatação, tão lógica e tão simples à primeira vista, pode ter uma grande força de esclarecimento. Isso porque, na realidade, descreve de algum modo a situação atual de muitas ordens e congregações. Privadas, no todo ou em parte, devido ao avanço social, do que até agora foi seu trabalho principal, enfrentam uma crise, às vezes muito dura. Todavia, gozam também de uma nova oportunidade, pois ficam livres para retomar a intenção profunda de seu carisma, reconfigurando-a de maneira mais adequada ao contexto atual. De fato, creio que isso é o que está acontecendo decisivamente, e em maiores proporções do que à primeira vista poderia parecer. E em duas direções principais.

A primeira responde a um dinamismo profundo da sociedade atual, que tende à especialização e ao pluralismo. Preenchidas as diversas necessidades seculares, também a vida religiosa dispõe de uma maior liberdade para concentrar-se de maneira mais exclusiva no *cultivo direto de seus valores específicos*. Tal efeito se manifesta, por exemplo, em uma reforçada *avaliação do contemplativo*, como se observa na maior sensibilização dos próprios mosteiros, que abrem com mais cuidado seu espaço para ser compartilhado pelos leigos, no estímulo de grupos de oração e estudo e na intensa reflexão acerca da autêntica espiritualidade da vida religiosa[7].

Porém, talvez seja mais importante outra manifestação, que nasce da própria transformação provocada pela crise: a reconversão da atividade dedicada a trabalhos seculares em *testemunho e apostolado direto*. É o que ocorre, por exemplo, quando muitos religiosos e religiosas que até há pouco se dedicavam ao ensino de matérias seculares ou ao cuidado direto dos enfermos agora se dedicam à pastoral estudantil ou de saúde.

Sei que isso muitas vezes é forçado pela escassez de pessoal ou também pela força secularizadora do Estado. Porém, juntamente com muitos que já o estão vivendo no prazer de uma nova descoberta, ouso qualificar todo o processo como providencial. O caráter comunitário da vida religiosa mostra também aqui sua importância, pois, enquanto por necessidade em alguns casos, e inclusive por qualidades ou afinidades especiais em outros, alguns membros podem continuar com o trabalho anterior, possibilitando assim a nova dedicação dos demais. No final, como sucedeu com a secularização dos Estados Pontifícios, o que no princípio pode parecer uma privação dolorosa e até injusta acaba por se converter em uma bênção que encaminha para a verdadeira essência.

A segunda direção mantém uma maior continuidade com a situação anterior. Supridas algumas necessidades pelo avanço social, sur-

---

7. Com razão insiste neste aspecto, salientando inclusive suas conseqüências práticas, J. MARTÍN VELASCO, Los monjes. Identidad y misión em nuestro tiempo, *Revista Española de Teología* 55 (1995), 5-27.

gem outras que, situadas nas margens da sociedade, mostram *as novas faces da marginalização, do sofrimento ou da miséria*. Estava já anunciado desde o começo: "os pobres, sempre os tendes convosco" (Mt 26,11); e, hoje como ontem, continua a ressoar como chamado a encarnar em seu serviço o testemunho evangélico. De fato, muitos são os novos lugares onde a vida religiosa está se irradiando de maneira exemplar: drogas, AIDS, periferias das cidades, mundo rural, ajuda missionária e assistencial ao terceiro mundo... Todos eles representam hoje possibilidades inéditas que demonstram a vitalidade dos velhos carismas, ao mesmo tempo em que, como não se cansa de insistir Joan Chittister, supõem um urgente desafio à criatividade e à liberdade de espírito[8].

E ao mesmo tempo deixam a descoberto, talvez com mais clareza que antes, o caráter da dedicação como nascendo do próprio núcleo da vida religiosa. A tal ponto que tenho a convicção de que é aí que aparece com toda a clareza aquela nota que especifica o elemento mais essencial — e no fundo o maior — do trabalho secular quando realizado a partir da vida religiosa: trata-se de *dedicação que tem sua origem no amor misericordioso*, no sentido de que não nasce diretamente de um afã, digamos secular, por construir a cidade humana — tarefa para a qual a sociedade conta hoje com mais meios e mais dedicações especializadas —, mas das margens da construção, ou seja, das *necessidades* não atendidas (ou por não serem rentáveis, ou porque a sociedade ainda não quis, não soube ou não pôde solucioná-las)[9].

Sobretudo, porque nelas se eclipsa para muitos a face de Deus, pois demasiadas vezes essa dor é interpretada como abandono de sua parte. Cabe à vida religiosa um papel muito importante na tarefa cristã[10], isto é, mostrar que ocorre exatamente o contrário: que continua

---

8. J. CHITTISTER, *El fuego em estas cenizas*. Santander, Sal Terrae, 1999[3], passim.
9. Creio seja isto o que querem dizer também estas palavras de J. M. R. Tillard: "A 'vida religiosa apostólica' é um grande todo, nascido de múltiplos carismas de fundação, porém portador de um carisma comum que é o carisma da comunhão com a atitude de Jesus Cristo, comovido diante da miséria humana" ("Vie consacrée", em op. cit., p. 709). Cf. também o forte relevo que A. Bandera confere a este aspecto em *Teología de la vida religiosa. La renovación doctrinal del postconcilio*. Madrid, 1985, pp. 82-88 e 95-113.
10. Esta constitui, como se sabe, uma justa e constante insistência de João Paulo II para a vida cristã como tal: cf. sobretudo a encíclica *Dives in misericordia*.

a ser verdadeira a bem-aventurança dos pobres, demonstrando que sua situação é justamente *o que Deus não quer*, e por isso, ainda que a sociedade os abandone, Deus não o faz jamais e está sempre do lado deles. Porém, apenas palavras não bastam para prová-lo. Só a dedicação amorosa e a presença de entrega absoluta podem fazer brilhar na escuridão provocada pela injustiça ou pelo egoísmo humano essa difícil verdade, talvez a mais radicalmente evangélica.

4. O caso dos institutos seculares como confirmação e contraste

Talvez uma rápida alusão à diferença neste ponto com os *institutos seculares* ou outras *associações de consagração laical* possa tornar-se esclarecedora (muito embora, confesso, eu comece a sentir a vertigem de abordar questões que escapam mais a minha competência).

Também os membros dessas associações configuram a própria vida a partir da polarização em "o Deus do mundo" e, portanto, também haverão de decidir sua entrega ao trabalho secular partindo do afã de tornar visível e significativa a presença dos valores diretamente evangélicos. No entanto, o trabalho secular não se especifica aqui pela *misericórdia* diante de necessidades não preenchidas (ainda que, é claro, não a excluam), mas pela dedicação direta à *construção do mundo*, por meio de qualquer das profissões presentes na sociedade. Por isso, assim como não é "normal" — no sentido de típico — que um religioso ou uma religiosa se dediquem à medicina ou à astronomia sem uma motivação muito especial, em contrapartida é natural que o faça qualquer um desses membros.

Isso, por sua vez, faz surgir uma questão muito especial. Essa motivação positiva e direta permite-lhes que se distingam da vida religiosa, ao que costumam dar justa ênfase. Cria-lhes porém, por sua vez, uma *dificuldade muito peculiar na hora de definir o específico de sua dedicação diante da que é típica dos seculares*. A verdade é que, logo de saída, torna-se muito difícil evitar a impressão de que desse modo são suplantados em sua vocação específica, pois também os seculares, na qualidade de *profissionais*, buscam a construção do mundo e, na de *cristãos*, fazem-no a partir dos valores evangélicos, para que o mundo seja verdadeiramente um prolongamento da ação criadora de Deus. De imediato, a solução não é fácil. Sabe-se muito bem que nesse ponto houve uma discussão entre dois grandes teólogos, Hans Urs von Balthasar e Karl Rahner. Contra o que eventualmente caberia esperar dos respectivos compromissos teológicos, o primeiro acentuava o caráter "secular", ao passo que o segundo insistia no "religioso". Não me compete o papel de mediador em tão alta contenda. Creio, porém, que, com base no refletido até aqui, é possível aproveitar a luz de ambas as posturas. Rahner, apesar de certos vícios de um vocabulário marcado pelo tempo em que escrevia essas idéias, assinala um vetor indispensável na consideração do problema. Vale a pena citar algo dele.

Começa por ressaltar sua preocupação principal: que se reconheça em toda a sua extensão, sem recortes nem suplências, o papel fundamental dos seculares cristãos, a "tarefa que lhes cabe" e que "não lhes pode ser arrebatada por ninguém, nem sequer pelos membros dos institutos seculares", a saber:

> a de oferecer, a partir de uma situação no coração do mundo (é seu "estado de vida"), o tipo exemplar de uma vida secular marcada com o selo do cristianismo, partindo da profissão [como] meio de vida até a profissão amada e cumprida por si mesma, e até o campo do matrimônio e da família[11].

Para acentuar a diferença, insiste em que os membros dos institutos seculares "fizeram dos conselhos o centro de sua vida" (p. 187) e inclusive, como dirá em outras ocasiões, de sua "profissão" ou ofício

---

11. Los institutos seculares, em *Misión y Gracia*. II: *Servidores del pueblo de Dios*. San Sebastián, 1968, cap. 7, pp. 150-192 (189). Como se sabe, esta foi sua ênfase e, de certo modo, sua grande contribuição — muito unida, quanto ao mais, a sua renovação dos delineamentos do problema geral —: "A reflexão de Karl Rahner", indica García Paredes, "supõe uma mudança espetacular na forma tradicional de estudar os estados de vida. Em meu modo de ver, consegue lançar por terra os argumentos que se vinham repetindo desde Tomás de Aquino, sem excessiva capacidade crítica" (*Teología de las formas de vida cristiana*. Madrid, 1996, p. 568; cf. pp. 568-572).

(p. 189). Equivale a dizer que, considerando os dois espaços que aqui qualificamos como dedicação "ao Deus do mundo" ou "ao mundo de Deus", eles se situam fundamentalmente no primeiro.

Não obstante, nesse âmbito, Rahner tende a eliminar as diferenças, pois os define quase unicamente por sua oposição ao outro espaço, o do mundo secular. Por isso pode, por um lado, assimilá-los aos "religiosos", uma vez que o religioso vive sua profissão secular como "um meio no qual deve penetrar partindo de outro estado, para trabalhar em prol da salvação das almas" (p. 188), ao contrário do secular, que a ama "por ela mesma e não por um motivo puramente sobrenatural" (p. 185). E, por outro lado, pode uni-los ao clero, chegando a afirmar que "a síntese que realizam dos conselhos evangélicos e de uma profissão no mundo [...] não é mais do que uma espécie de tática para levar a cabo um apostolado que se situa fundamentalmente ao lado do apostolado hierárquico"[12].

Obviamente, o caráter polêmico do trabalho, destinado a refutar a tese balthasariana de que o membro desses institutos é um "cristão secular comum"[13], justifica esta certa unilateralidade, da qual o teólogo alemão estava de algum modo consciente (cf. pp. 191-192). Porém, por isso mesmo, indica também a necessidade de uma análise mais diferenciada.

Creio que Rahner tenha razão quanto ao fundamental, isto é, na circunscrição ao âmbito do "Deus do mundo", diferentemente da

---

12. Veja-se o parágrafo inteiro: "A síntese que realizam dos conselhos evangélicos e de uma profissão no mundo (síntese cuja possibilidade não pomos em dúvida, de modo algum) não é mais do que uma espécie de tática para levar a cabo um apostolado que se situa fundamentalmente ao lado do apostolado hierárquico; um apostolado que, por conseguinte, se vale de todos os meios úteis, possíveis e lícitos, entre outros o exercício de uma profissão secular: efetivamente, para eles, contrariamente aos seculares propriamente ditos, o apostolado constitui o verdadeiro objetivo a alcançar" (p. 187).

13. Op. cit., p. 191. Remete a H. U. VON BALTHASAR, Wesen und Tragweite der Säkularinstitute, *Civitas* 11 (1955-1956), 196-210, que contestava o artigo de K. Rahner, "El apostolado de los seglares", publicado na *Nouvelle Revue Théologique* em janeiro de 1956. Para o presente propósito, não oferece interesse a discussão ulterior, que seria necessária tanto para uma comparação como para uma exposição mais exata. Sobre a concepção global de H. Urs von Balthasar, cf. J. C. R. GARCÍA PAREDES, op. cit., pp. 582-604, 621.

secularidade prioritariamente direta dos seculares. Porém, se não se der o passo ulterior de elaborar também sua diferença com relação aos religiosos, corre-se o risco de cometer uma grave injustiça. Com efeito, seguindo a exposição rahneriana, não é fácil subtrair-se à impressão de que uma síntese entre o trabalho secular e o modo de vida dos institutos seculares ou associações não só se torna difícil — como de fato acontece —, mas aparece como meramente extrínseca e também artificiosa.

Os institutos e as associações têm direito a resistir a tal assimilação não diferenciada, pois seu trabalho pretende ser verdadeiramente secular, diretamente empenhado também na construção da cidade terrena. Impõe-se, pois, buscar mais detalhadamente a difícil síntese, procurando juntar os dois pólos: o "secular", que garante a validade civilmente direta do trabalho — como reclamam os institutos —, e o "consagrado", que remete — aqui está a razão de Rahner — a sua condição de inserido em uma vida cujo centro prioritário é constituído pelos valores religiosos explícitos.

Ainda que as distinções corram o risco de ser demasiado sutis, e o vocabulário apresente tendência continuada a trair, parece-me que justamente a comparação com os religiosos permite captar o fundamental de sua especificidade. À diferença destes, o seu não é um trabalho nascido prioritariamente do amor de "misericórdia", que supre deficiências da sociedade civil, mas constitui uma opção direta na construção dessa sociedade. Porém, à semelhança dos religiosos, essa opção é, por assim dizer, habitada por outra *mais radical*: a intenção direta, expressa e ultimamente determinante de encarnar e tornar presentes os valores evangélicos justamente por meio desse trabalho[14].

Equivale a dizer que, tal como o secular e à diferença do religioso, busca *diretamente* que o trabalho realize os diferentes valores seculares da cidade humana; porém, tal como o religioso e à diferença do

---

14. A insistência neste aspecto, sutil porém importante, confirma-se pelo fato significativo de que, enquanto o Vaticano II fala que seu apostolado se exerce "no mundo e *como que* a partir do mundo" (*Perfectae cartitatis*, n. 11), o Código de Direito Canônico suprime as palavras em destaque e diz simplesmente: "no mundo e a partir do mundo" (cânon 713.2).

secular, configura toda a sua vida para assegurar que, ao proceder assim, não se apague, obscureça ou deforme a consciência da presença divina que deve estar animando essa construção, *enquanto* realizada como trabalho cristão. O membro desses institutos ou associações dedica a essa síntese o essencial de sua vida, com a preocupação irrenunciável de elaborar uma espiritualidade que a explore, a alimente e a garanta[15]. Algo que vale, é claro, antes de tudo para ele próprio, mas que é também missão, ou seja, oferecimento testemunhal e eventualmente elaboração de modelos para os cristãos seculares, em um terreno difícil, pois flexível e sempre cambiante.

Estimulada certamente pela precária situação da presença cristã no mundo secular, nessa busca anuncia-se um acento teológico muito atual: a nova e mais viva consciência da *fundamentalidade da criação* e de sua continuidade com a salvação, em face de um excessivo dualismo supernaturalista, que se havia acentuado com a escolástica barroca[16]. Daí seu caráter exploratório e ainda não esclarecido de todo. Algo que, segundo me parece, se reflete nas conhecidas palavras de Paulo VI:

> Se permanecerem fiéis à vocação própria, os institutos seculares serão algo similar ao laboratório experimental no qual a Igreja verifica as modalidades concretas de suas relações com o mundo[17].

Retornemos, porém, ao fio principal do discurso. Como a radicalidade da mudança e a busca de novas concreções afeta toda a Igreja e, de imediato, com uma intensidade muito especial a vida religiosa, o caráter de "laboratório experimental" pode aplicar-se também a ela. Com matizes distintos, porém com não menor radicalidade.

---

15. Bem expresso por Paulo VI em 1972: "A alma de todo instituto secular foi o anseio da afirmação simultânea de duas características: 1) a consagração plena da vida segundo os conselhos evangélicos; e 2) a responsabilidade plena de uma presença e de uma ação transformadora a partir de dentro do mundo para plasmá-lo, aperfeiçoá-lo e santificá-lo" (discurso de 2 de fevereiro de 1972, no 25º aniversário da *Provida Mater*).
16. Essa é a insistência de meu livro *Recuperar la creación. Por uma religión humanizadora*. Santander, Sal Terrae, 1998².
17. Discurso à 2a Assembléia do Conselho Mundial de IS (25 de agosto de 1976).

III

O futuro da vida religiosa

É evidente que a vida religiosa se encontra hoje no umbral de um futuro enormemente aberto, cheio de riscos e promessas. Apenas uma renovação a um só tempo muito lúcida e muito profunda, que irá exigir — que está exigindo — altas doses de generosidade e coragem, poderá situar-se à altura de tão grande desafio. Também agora, e principalmente agora, estas reflexões aspiram unicamente ao oferecimento de uma visão empática, a partir de uma exterioridade fraterna e uma responsabilidade compartilhada.

1. Reconfiguração desde as raízes: identidade e missão

O título desta seção alude conscientemente a uma dupla significação: o esforço de repensamento e revisão há de ser feito, por um lado, em profunda e respeitosa continuidade com as raízes e, por outro, justamente por isso, há de ser capaz de chegar até elas, com disposição para renascer e "recrescer" sem o sentimento de prisão em quaisquer formas históricas concretas. É preciso que se tenha isso muito em conta para precaver-se contra um perigo sempre à espreita de converter em eterno e imutável o que não é mais que simplesmente histórico e condicionado, pois, como alguém disse, na imagem concreta da vida religiosa, idealizaram-se demasiadas coisas, foram extraídas do campo do devenir e do passar históricos e foram elevadas ao campo do que é principio e, portanto, é imutável e está acima do tempo[1].

Concretamente, dois são os vetores que parecem impor sua presença na direção do processo. O primeiro, a que se fez menção no final da seção anterior, parte da *nova unidade criação–salvação*, que tende a apagar todo resíduo de vida religiosa concebida sob o prisma negativo da *fuga mundi*. É evidente que já não é o caso de que o religioso ou a religiosa "fujam do mundo", vendo-o antes de tudo sob o aspecto de perigo e ameaça para a vida de fé (chegou-se por vezes muito perto da atitude de vê-lo como algo mau em si, o que, tomado a sério, seria simplesmente anticristão). Com a nova visão, o mundo aparece antes de tudo em sua face positiva de manifestação da ação criadora de Deus, e pela mesma razão a vida religiosa só tem sentido se se insere nessa ação, para prolongá-la e encarná-la. Como já ficou dito, nada mais distante da nova espiritualidade do que um espiritualismo desencarnado.

Fica bem entendido que essa inserção no mundo, justamente porque se faz a partir de Deus, é necessariamente *crítica*. O novo está em que essa crítica não é para negá-lo, mas para contribuir na asseguração de que seu avanço seja fiel à intenção divina, que, como já sabia Santo Ireneu, coincide exatamente com "a vida do homem". Por isso, a contribuição específica dos religiosos e das religiosas na comum tarefa cristã não consiste em negar ou subestimar essa vida, mas justamente em consagrar-se a potencializá-la ao máximo, mostrando que só está verdadeiramente assegurada quando se fundamenta na "visão de Deus"[2]. Aí está radicado, neste aspecto, o mais funda-

---

1. F. WULF, Die Orden in der Kirche, em F. X. ARNOLD; F. KLOSTERMANN; K. RAHNER, *Handbuch der Pastoraltheologie* IV, Freiburg-Basel-Wien, 1969, p. 564. Esse estudo (p. 545-573), já um tanto antigo, torna-se, não obstante, muito útil por seu sentido histórico, pois mostra muito bem o condicionamento histórico no nascimento e nas características das ordens religiosas.

2. Faço alusão, naturalmente, à afirmação de Santo Ireneu, que por sorte – embora não por acaso – se popularizou tanto: "A glória de Deus é a vida do homem; porém a vida do homem é a visão de Deus" (*Adv. Haer.* 4, 20,7).

mental de sua *identidade*, a qual, enquanto unida aos avatares desta vida intrinsecamente mutante e mutável, permanece sempre aberta a novas e intensas configurações.

O que, por sua vez, se enlaça intrinsecamente com o segundo vetor: o da *missão*. A situação crítica da fé no mundo atual e a necessidade de reconfigurar nele a presença inteira da Igreja fazem ver com força a convergência dos dois fatores. As novas urgências da missão exigem, efetivamente, uma acentuação da preocupação eclesial, impedindo desse modo que a vida religiosa possa ficar excessivamente fascinada pelos problemas de identidade. Ou, se preferirmos, as urgentes necessidades enfrentadas hoje na fé avivam nos religiosos e nas religiosas a consciência de que a "missão" na Igreja e no mundo é componente fundamental de sua "identidade".

Assim sendo, vale a pena procurar fazer algumas breves reflexões sobre o problema, atendendo justamente a esses dois vetores. O da identidade aponta sobretudo para os aspectos da reconfiguração íntima. O da missão constitui sem dúvida o critério que mais luz pode lançar sobre o complexo panorama das diferentes formas de vida religiosa e de sua possível reorganização[3].

No denso processo de transformação da vida religiosa, já haviam sido mencionados, até aqui, dois níveis: um, relativamente fácil e abrangente, que se referia aos modos ou formas de vida mais externos; outro, mais comprometido, que penetrava no problema da dedicação ao trabalho, talvez não tão difícil em seu esclarecimento teórico quanto em sua realização prática. Chega agora o momento de aprofundar ainda mais, indo realmente ao fundo onde se forjam e configuram-se os elementos verdadeiramente decisivos da identidade.

Justamente pelo fato de que se toca o mais íntimo, impõem-se forçosamente e de modo especial a cautela, a prudência e o respeito. Porém, pela mesma razão, são também necessárias a coragem da lu-

---

3. Propõe-se assim, como se vê, em um novo nível, mais radical e atento para o futuro, o que já foi dito a propósito da situação atual da vida religiosa. Não será possível, portanto, evitar certas repetições que, seja como for, nunca o serão de todo.

cidez e a ousadia da liberdade dos filhos e das filhas de Deus; liberdade que, decisivamente, não tem outras barreiras a não ser as da fidelidade ao Reino no momento preciso de sua atual realização histórica.

2. Reconfiguração da identidade: os votos, entre a estabilidade jurídica e o impulso da vida

A configuração atual da vida religiosa é o fruto — ou, melhor ainda, a floração plural e arborescente — de um longo processo de séculos, determinado pela interação de três elementos fundamentais: 1) a vivência íntima, como decisão de configurar a vida em torno do "Deus do mundo"; 2) as necessidades, os chamados e as exigências que foram sendo impostos pela missão da Igreja no mundo; e 3) o estado da reflexão eclesial e teológica em cada tempo.

Pela mesma razão, esse processo tem algo — e até muito — de normativo, como *modelo* a ser tomado em consideração em qualquer plano de renovação e de reforma. Entretanto, como se pode depreender da já mencionada variedade de suas formas, não pode se tratar de um modelo rígido, mas sim de uma *fidelidade viva*, cujo critério definitivo deve ser o justo equilíbrio dos três elementos em cada etapa histórica. A questão decisiva consistirá sempre em garantir que o primeiro — a decisão radical — obtenha sua melhor expressão ao concretizar-se nos outros dois, como missão assumida pela consciência eclesial.

Nesse sentido, a experimentação e a busca — o *trial and error* também neste campo — não só não devem causar estranheza ou assustar, mas tornam-se indispensáveis. Convém que se exija a seriedade e a prudência, porém não se justificam nem o medo sem esperança nem a imobilidade sem vida.

Diga-se logo que nem sequer os *votos clássicos* podem ser o critério definitivo, pois eles são já fruto e manifestação de algo mais nuclear e primigênio: constituem a concreção histórica daquela decisão radical. Foram formulados no século XII pelos cônegos regulares (observe-se, portanto, que não propriamente dentro da vida religiosa), sistematizados teologicamente por Santo Tomás no século XIII[4] e amplamente sancionados pelo direito canônico. E demonstraram de imediato sua fecundidade para articular a configuração existencial e comunitária da vida religiosa. Todavia, isso assumido, convém distinguir com cuidado os *valores radicais* que neles se expressam das *formas canônicas* em que foram traduzidos.

Evidentemente, em seu estrato mais radical, que poderiam ser qualificados como a *castidade*, a *austeridade* e a *disponibilidade* comunitária, são valores profundamente evangélicos e de essencial radicação antropológica, sem os quais não é possível tal configuração. Porém, o modo concreto em que sua vivência foi se traduzindo pertence já a outro registro, que não assume igual necessidade. A própria história oferece uma mostra variadíssima: a disponibilidade do anacoreta é a um só tempo igual e distinta da do monge, e ambas são "obediência"; o mesmo sucede com a austeridade do mendicante com relação à comunidade que administra um colégio, e ambas são "pobreza"; a própria castidade é vivida de maneira muito distinta na clausura que evita tanto quanto possível todo contato com o outro sexo e na pequena comunidade que se submerge na vida sem portas do subúrbio, e ambas são "celibato". Mesmo assim, muda a categoria na avaliação existencial dos votos: se, até há pouco, o celibato parecia o primeiro, hoje a pobreza tende a ocupar seu lugar; se para Inácio de Loyola a obediência *ut cadaver* era o ideal, hoje pode sê-lo a que se realiza no discernimento e, às vezes, inclusive na dissensão.

Nesse sentido, seria muito ilustrativa uma comparação com a diferente configuração dos votos em outras religiões. Assim, por exemplo, no budismo e no taoísmo, apresentam destaques claramente distintos dos que imperam entre nós; além disso, são quatro e, embora com desigual intensidade, propostos tanto aos monges como aos leigos. Enumeramo-los aqui, em uma de suas possíveis formulações: "1) procurar a salvação do mundo; 2) desarraigar de si mesmo todo mal

---

4. Cf. J. ÁLVAREZ GÓMEZ, *Historia de la vida religiosa*, t. I, Madrid, 1987, e a ajustada síntese de F. MARTÍNEZ DÍEZ, *Refundar la vida religiosa. Vida carismática y misión profética*. Madrid, 1994, pp. 120-129.

e toda paixão; 3) estudar a lei de Buda; 4) alcançar a perfeição da condição búdica"[5]. Obviamente, a espiritualidade aí expressa é distinta da cristã, muito embora a intencionalidade de fundo e a funcionalidade comunitária sejam estruturalmente muito similares, pois também no âmbito dessas religiões o monacato surge "da necessidade de abandonar a vida ordinária para centrar-se no culto, na meditação e no estudo das ciências sagradas"[6].

Isso indica que nem sequer o *número* é inamovível. No próprio cristianismo foram surgindo necessidades ou chamados que levaram a acrescentar outros votos aos três clássicos, como o de não ambicionar dignidades (trinitários descalços), o de entregar-se em resgate pelos prisioneiros (mercedários) e o da obediência ao papa (jesuítas)[7]. E é claro que nada impede que possam aparecer outros: ninguém estranharia, por exemplo, o nascimento de uma nova ordem cuja espiritualidade desse particular relevo a um quarto voto de "pacifismo" ou "não-violência". Um valor hoje tão vivo certamente se tornaria muito significativo e encontraria ampla acolhida.

Há mais de uma década, José Gómez Caffarena havia feito a propósito reflexões intensas e ponderadas. Acredito prestar um serviço ao leitor reproduzindo, mesmo que a citação se torne longa, um texto que expressa suas idéias centrais:

> Porém, a questão mais básica é: por que o modelo dos "três conselhos" haveria de servir de molde universal? Por que outras

---

5. S. G. F. BRANDON, *Diccionario de Religiones Comparadas* II, Madrid, 1975, p. 1.041; como se sabe, a variedade nessas religiões é muito grande, e não é fácil uma formulação totalmente unitária; entretanto, para o presente propósito, é de proveito a dessa obra suficientemente prestigiosa.

6. Id, ibid. Cf. A. QUERALT, "Voeu", em *Dictionnaire d'Espiritualité* 16 (1994), pp. 1.191-1.195: "Le voeu dans les autres religions". Cf. também, do ponto de vista da teologia evangélica, o artigo "Gelübde" da *Theologische Realenzyklopädie* 12, pp. 300-316.

7. Cf.: "Os trinitários descalços: voto de não ambicionar dignidades nem prelaturas dentro ou fora da Ordem. Os mercedários: voto de entregar-se como resgate por cristãos prisioneiros cuja fé corra perigo. Alguns membros da Companhia de Jesus: voto de obediência ao papa. Porém, nenhum deles se considerou elemento essencial do projeto de vida religiosa" (F. MARTÍNEZ DÍEZ, *Refundar la vida religiosa*, op. cit., p. 121, nota 12).

muitíssimas exigências evangélicas não haveriam de dar lugar a modos de vida "em radicalismo cristão"? Seja como for, por que não poderiam fazê-lo sem incluir — de alguma forma, às vezes bem desfigurada — "os três conselhos"?

Não seria — ao contrário — muito razoável que surgissem grupos de cristãos que se propusessem a viver hoje o radicalismo evangélico em pontos como a não-violência, a busca de reconciliação, a denúncia da injustiça, o serviço à verdade, a superação das discriminações, a atenção prevalecente aos marginalizados...?

Dir-se-á que estou enumerando serviços que, "por seu carisma próprio", não poucos institutos religiosos e "seculares" de fato já se propuseram. Concordo. Porém aqui está minha pergunta: por que só poderiam buscar essas finalidades no modelo dos "três conselhos", sob pena de já não ser "vida religiosa ou consagrada"? A acomodação forçada ao molde dos "três conselhos" não se efetua muitas vezes à custa da autenticidade deles e de tudo? (Vêm-me à mente, por exemplo, a infinidade de coisas que hão de chamar-se "pobreza", porque sem esse título não seriam "vida religiosa"...).

Estamos em um momento da história humana e da história cristã em que urge recuperar radicalismo evangélico. Todavia, é essencial que se faça *de modo adaptado às novas condições culturais*. Em sua substância, o radicalismo evangélico é amor. E o amor pede para olhar os homens fraternalmente, buscar servi-los em suas necessidades reais. O radicalismo evangélico é "testemunho" e "anúncio da Boa nova". Para que testemunho e anúncio possam surtir o efeito que procuram, haverão de ser dados em uma "linguagem" (linguagem de palavras e de fatos) compreensível. Qualquer outra coisa é um contra-senso.

O que acabo de enunciar é o que mostram haver entendido a maioria dos institutos religiosos, sobretudo depois do Vaticano II, e pelo que fizeram uma notável evolução — com freqüência não devidamente compreendida nem apreciada, e não poucas vezes reprimida.

Entretanto, é razoável e desejável que surjam novas e novas formas de vida que venham a refletir uns e outros aspectos do radicalismo evangélico e os apresentem mais e mais adaptados à vida e à cultura dos homens de hoje. Será preciso pedir-lhes que sejam realistas, ao mesmo tempo em que autenticamente fiéis ao que é evangélico. Não se vê, em contrapartida, que seja tão razoável obstaculizar seu desenvolvimento com arrochaduras canônicas, mesmo quando provêm de uma tradição de certa antiguidade como a dos "três conselhos". Teria sido desejável que o direito canônico previsse com mais espírito a abertura. Todavia, como já não há recurso, e está aí em busca de sua tímida reforma, a única atitude razoável é que lhe sejam dadas as interpretações mais amplas e flexíveis e se busquem todas as ocasiões oportunas nas quais se permita o brotamento de tudo quanto seja vida autêntica[8].

3. Algumas questões concretas: temporalidade e celibato

Por este caminho, a reflexão pode, e talvez deva, continuar e concretizar-se mais, sem fechar *a priori* nenhuma porta ao futuro. Não se trata de fazer "teologia ficção". Todavia, a lição da história, o contato com outras religiões, as mudanças culturais e, acima de tudo, o surgimento de novas necessidades, estão convocando à criatividade, que não deve ficar excluída em uma situação como a atual, tão empenhada na busca de novas formas de fidelidade ao livre sopro do Espírito. Por isso, tal como podem aparecer novos votos e estão mudando os acentos dos tradicionais, cabe pensar também em possibilidades mais radicais, como votos feitos com pleno compromisso, porém por um *tempo determinado*, renovável ou não, conforme a capacidade ou as possibilidades da pessoa.

Em um tempo acelerado como o nosso, continuamente acossado pela mudança e com todos os paradigmas em ebulição, a temporalidade vivida de modo autêntico não tem de estar necessariamente em inimizade com a fidelidade. Pode, em compensação, sob determinadas circunstâncias, converter-se em condição de autenticidade e também em

---

8. José Gómez CAFFARENA, Por que três, e só três 'çonselhos'? Ensaio sobre o radicalismo evangélico hoje, *Sal Terrae* 76 (1988), 881-889 (886-887).

garantia de credibilidade. E, de fato, em tempos menos atarefados, a tradição da vida religiosa soube estabelecer, embora reduzida à etapa preparatória, a modalidade dos votos temporais, freqüentes em outras religiões.

Nesse mesmo sentido creio que, por delicado que seja o tema e por grande que deva ser o respeito em seu tratamento, não é inevitável dar como inamovível a *inescusabilidade do celibato* para *toda* forma de vida religiosa possível. Sua força configuradora de uma existência que busca a entrega total não pode ser negada: ocorre inclusive — como há muito insistiu Edward Schillebeeckx — na vida secular, enquanto disponibilidade para valores não diretamente religiosos, tais como a ciência ou o cuidado da saúde em circunstâncias especialmente precárias[9]; ocorre também em outras religiões; e não há dúvida de que continuará sempre presente na Igreja.

Porém, como mostra o próprio deslocamento para a preeminência da *pobreza*, surgiram novos fatores que podem questionar, não já seu valor, mas sim sua centralidade. Em primeiro lugar, a exegese deixou patente que os dados escriturísticos a respeito (quanto ao mais, escassos e nem sequer encarnados na vida da comunidade, como mostra o fato de apóstolos e *episcopoi* casados) estão muito condicionados pela "urgência escatológica", pois a argumentação de São Paulo apoiava-se expressamente na brevidade do tempo que, segundo acreditavam, haveria antes da parusia (cf. 1Cor 7,25-40); e nessa hipótese, tinha razão: "Seria uma estupidez assumir novos compromissos, quando tudo caminha para o final"[10].

Em segundo lugar, talvez não menos importante, está o final da teologia do "coração dividido", como se o amor humano devesse

---

9. Neste sentido, sua posição parece-me mais acertada e equilibrada que a de K. Rahner, que insiste mais no valor simbólico da renúncia por si mesma, quase como "sinal irrefutável": cf. uma boa discussão, com os dados fundamentais, em X. PIKAZA, *Esquema teológico de la vida religiosa*, op. cit., pp. 102-109.
10. "It would be silly to make new commitments when all is going to end". A literatura a esse respeito é muito abundante. Baste esta rápida observação de J. Murphy-O'Connor na última edição de *The New Jerome Biblical Commentary* (Student Edition), New Jersey-London, 1993, p. 805.

necessariamente distrair ou até separar de Deus. Isso pode ser verdade, porém *só se* estiver mal orientado. Bem vivido, não só não entra em competição com a união com Deus e a entrega aos irmãos, mas pode e deve converter-se em sacramento e até em escola dessa união e dessa entrega, a tal ponto que a Epístola aos Efésios compara-o ao mistério da união de Cristo com a Igreja (Ef 5,29-32). Vejamos a respeito algumas palavras autorizadas de Karl Rahner:

> No fundo, é falso afirmar que existe em si uma competição entre o amor a Deus e a Cristo, de um lado, e o amor ao ser humano que se realiza no matrimônio, de outro, e que estes amores crescem ou decrescem em relação mútua inversamente proporcional. Isso é simplesmente falso, ainda que essa idéia apareça no fundo de muitas apologias da virgindade evangélica... Isso é falso tanto do ponto de vista metafísico como do cristão. O "mundo", como criado por Deus, é precisamente o que cresce quando Deus é maior em nós, e vice-versa. A transcendência é um aspecto da imanência humana, e vice-versa. O amor a Deus e ao homem crescem no mesmo grau[11].

Em terceiro lugar, não sem certa conexão com o anterior, está a enorme mudança cultural que se produziu na avaliação e na vivência da sexualidade. Em um capítulo corajoso de seu corajoso livro, Joan Chittister escreveu reflexões que deveriam ser profundamente meditadas. Só um olhar superficial verá nelas uma depreciação da virgindade; mas também só um fechar os olhos à evidência impedirá perceber a necessidade urgente de tirar as conseqüências de uma mudança radical. Prefiro ceder-lhe a palavra:

> Pela primeira vez na história, o sexo pode ser mais que um tabu destinado a alforriar o mundo de uma série de estorvos não desejados. Pela primeira vez na história da Igreja, é possível entender o sexo como o que é e como o que não é. Pela primeira vez na vida religiosa, é possível considerar o voto de castidade do ponto de

---

11. Sobre los consejos evangélicos, em *Escritos de teología* VIII, pp. 450-451.

vista da oportunidade, e não do da negação; da consciência do que é permitido que a pessoa seja, mais do que da perspectiva do que lhe é proibido. Trata-se de uma situação nova, tanto na história religiosa como na social, que exige a integração do corpo e da alma, não a divisão entre ambos. É um momento no qual vale a pena lutar, porque é emocionante e prometedor.

Com grande desgosto da geração anterior, e graças à nova tecnologia do sexo, o século XX vê a sexualidade de maneira muito mais livre e mais serena que os séculos anteriores. Em que pode fundar-se hoje, pois, o voto de castidade? Em que méritos se baseia? Qual é a razão de sua existência? Até que ponto é absoluto? Que benefícios traz, se é que traz algum?

Uma coisa é certa: sejam quais forem suas justificações habituais, as idéias tradicionais acerca do sexo, da sexualidade, do voto de castidade e da vida religiosa simplesmente já não têm mais validade[12].

Extrair as verdadeiras conseqüências de tudo isso exigirá ainda muito esforço de reflexão e discernimento e não poucas doses de generosa e fiel disponibilidade. Não há lugar para profecias. O que é cabível é pensar que possam surgir novas formas de vida religiosa que, no novo ambiente, renunciem à ênfase tradicional e adotem, por exemplo, uma *configuração dual*, ou seja, com membros celibatários e membros casados.

Não creio que se possa afirmar sem mais nem menos que isso tornaria impossível a radicalidade ou a totalidade da entrega (esta seria, sem dúvida, a objeção principal a uma inovação deste calibre).

---

12. J. CHITTISTER, *El fuego en estas cenizas*. Santander, Sal Terrae, 1999[3], pp. 154-155. Veja-se ainda: "Para os religiosos, o tema está mais carregado ainda de um novo tipo de tensão. Como entender a idéia da virgindade em uma cultura na qual se chega às congregações religiosas muito depois de havê-la perdido? A resposta, evidentemente, é que a castidade é muito mais que uma espécie de inviolabilidade física, que uma espécie de proibição, que um modo de controle, que uma forma de carência. Essa categoria de castidade cheira a estatismo, vacuidade, aridez e biologismo. Por outro lado, a castidade que traz algo à vida em vez de rechaçá-la está repleta de maturidade. Enfrenta a pessoa com questões tão profundas e com experiências tão enriquecedoras que o abraçá-la só pode proporcionar crescimento" (ibid., p. 157).

Tal afirmação, além do fato de que, no fundo, poderia equivaler a uma nova versão do "coração dividido", é desmentida por fatos importantes: primeiro, os próprios apóstolos — "colunas" de fundação na Igreja (Gl 2,6.9) — eram em sua maioria casados[13]; em segundo lugar, não só existe clero cristão casado, mas também a teologia e o magistério reconhecem unanimemente a não-necessária vinculação entre o celibato e a entrega ao "Deus do mundo" (recorde-se que essa entrega é o substantivo na divisão básica, da qual a vida religiosa constitui modalidade). De fato, nesse "laboratório" que são os institutos e as associações seculares, realizaram-se e realizam-se tentativas da configuração dual.

Trata-se, sem dúvida, de algo que não foi ainda reconhecido em nível oficial, e nem sequer podemos aventurar que o será algum dia. Contudo, essa constatação negativa não deveria ser elevada sem mais nem menos ao nível de princípio positivo: o direito está em seu papel quando vela pela estabilidade, mostrando cautela diante de toda aventura incerta. Porém, reconhecer isso e aceitá-lo não deve extinguir o impulso da vida: toda mudança profunda sempre se realiza nessa difícil dialética da obediência e do experimento, da fidelidade que se quer seja a um só tempo humilde e criativa. A lei tem por missão assegurar o presente, porém não lhe compete obstruir o futuro[14].

Em outras palavras, a confirmação jurídica é necessária para dar caráter público e estável a cada novidade, pois só assim se confere a

---

13. Afora os dados evangélicos, está a notícia de Paulo: "Não teríamos o direito de trazer conosco uma mulher cristã (*adelphén gynaika*) como os outros apóstolos, os irmãos do Senhor e Cefas?" (1Cor 9,5). Como se sabe, ainda que não haja unanimidade total, a interpretação comum diz que se trata de uma "esposa" (por exemplo, São Vidal, *Las cartas originales de Pablo*, Madrid, 1996, p. 193, traduz "esposa crente"). A TOB comenta: "Os Apóstolos casados, como Pedro, levavam provavelmente sua esposa" (*Nouveau Testament*, Paris, 1977, p. 507, *ad locum*).

14. Nesse sentido, a brecada que a Congregação dos Religiosos deu "à idéia de que o destaque dado pelo [Vaticano II] (GS 49) ao 'valor sagrado do matrimônio' supunha a possibilidade de uma integração completa das pessoas casadas nos IS" não deveria ser interpretada sem mais e para sempre como determinando irrevogavelmente que "o elemento essencial e constitutivo da consagração a Deus em um instituto de perfeição é a castidade perfeita no celibato" (BRASCA, G. C. "Institutos seculares", em *Nuevo Diccionario de Espiritualidad*, Madrid, 1983, pp. 721-726 [724]).

necessária segurança para a introdução do que é peculiar na circulação unânime da vida comunitária. Porém, por sua própria natureza, toda confirmação é sempre um ato segundo, que não cria a vida, mas chega depois para garantir sua permanência e assegurar sua fecundidade comunitária. Talvez não esteja fora da realidade pensar que durante algum tempo haverão de viver no seio da comunidade cristã formas que *em si* sejam realmente vida religiosa, embora de momento não recebam referendo ou aprovação oficial. Na realidade, algo desse gênero sempre esteve presente nos começos de toda fundação de uma nova ordem ou congregação.

(Talvez um caso real, ocorrido justamente no transcurso de um diálogo acerca dessas idéias, possa proporcionar algum esclarecimento. Um jovem seminarista, apaixonado, deixa o seminário, porém não abandona sua paixão pela teologia. Considera-a seu modo concreto de viver a fé na Igreja, e configurou sua própria vida para poder dedicar-se a seu estudo, a ponto de, inclusive com grave preocupação de seus pais, haver descartado a possibilidade de outra carreira. É leigo, mas a teologia não é para ele um simples modo de ganhar a vida, e sim o compromisso central em torno do qual articula sua existência. Se permanecer nessa atitude, acaso o fato de não poder ou não querer realizar-se existencialmente como celibatário o exclui, sem mais razões, de estar dentro do campo daqueles que formam o núcleo de sua vida em torno do "Deus do mundo"? *Canonicamente*, consta de maneira clara que não é clérigo, nem religioso, nem membro pleno de um instituto secular, nem pode sê-lo no momento; todavia, isso não implica, sem mais motivos, que não pertença *realmente* à mesma configuração existencial de fundo, em contraposição ao secular "normal", dedicado por ofício e compromisso ao "mundo de Deus". *Teologicamente* parece claro que, em princípio, não se deve descartar a possibilidade de que a legislação eclesiástica possa no futuro modificar-se, de modo que opções como essa tenham a possibilidade de realizar-se juridicamente em um instituto de novo estilo.)

Repito que não se trata aqui de estabelecer direito, mas, a partir da reflexão teológica, de explorar novas possibilidades de futuro. Só a experiência e, em última instância, a sanção oficial irão determinar se isso algum dia se tornará realidade. Seja como for, compreende-se que, se esta dialética entre a estabilidade do direito e a criatividade da vida vem a ser muito importante para compreender os dinamismos íntimos da identidade, muito mais o é no caso da missão.

4. O chamado da missão: "resistência numantina" ou "morte estaurológica"

Diz-se, em tom de gracejo, que nem sequer o papa sabe o número exato das ordens e congregações religiosas. E basta um simples olhar ao panorama que seu conjunto oferece hoje para perceber uma complexidade quase inabarcável. Torna-se compreensível, porque tal diversidade é o fruto acumulado de uma longuíssima história e da multiplicação de respostas a necessidades sempre novas ou sempre renovadas. De tal modo que não só existem em grande número, mas continuam a nascer diante de nossos olhos, como ramos de um tronco com vitalidade inesgotável. Por outro lado, não se mostra menos evidente a precariedade crescente em muitas delas, tanto pela mudança das circunstâncias ou necessidades a que davam resposta como, acima de tudo, pela queda drástica e geral no número de vocações.

Seja qual for a maneira como se considere, a situação pede com urgência uma remodelação do panorama inteiro, que não se deixe arrastar passivamente pela inércia histórica, mas que, em vigilante fidelidade aos sopros do Espírito, busque construir ativa e responsavelmente os caminhos do futuro. Muito já foi dito a respeito, entretanto, mesmo com o risco de se repetir, vale a pena arriscar ainda algumas considerações. Além disso, trata-se de uma preocupação explícita e de uma recomendação urgente do Concílio na *Perfectae caritatis*[15].

Uma primeira consideração nasce da *própria dinâmica da crise*, razão por que será suficiente sintetizar o que já foi dito antes. Trata-se de aproveitar seu aspecto positivo, no sentido de que os mesmos avanços sociais que a provocaram, juntamente com o terrível despojo que muitas

---

15. *Perfectae caritatis*, n. 20-22.

vezes podem supor, oferecem também a oportunidade de uma *concentração no essencial*. Forças e pessoas antes dispersas em funções hoje preenchidas pela sociedade ficam agora livres para um cultivo mais intenso do próprio carisma em sua intenção mais radical e, por isso mesmo, para uma presença mais significativa e transparente.

Assim, a concentração em um apostolado *direto*, autêntico e comprometido, naqueles âmbitos antes administrados como trabalho estritamente secular, pode ser, no fundo, um enorme lucro. Diga-se o mesmo, com razão ainda maior, da franquia daí resultante para muitas religiosas e religiosos para ir em socorro daqueles lugares que, situados às margens da sociedade e nos limites da exclusão, continuam abandonados por todos. A atenção a eles sempre desenhou o melhor perfil do "amor misericordioso", mais ou menos especificado a partir do carisma peculiar de cada ordem ou congregação.

Um segundo grupo de considerações pode ser tomado quase à letra do próprio Concílio. Referem-se à necessidade de enfrentar de maneira expressa, direta e decidida *a reconfiguração do quadro em si mesmo*, ordenando-o com base na generosa disponibilidade que nasce do cruzamento de dois fatores decisivos: as possibilidades concretas de cada instituto e as necessidades reais da comunidade.

O Concílio assinala, em primeiro lugar, o que é evidente: a *união* entre mosteiros ou institutos de finalidade e espírito similares (n. 21). A seguir, a *federação* entre instituições que "de algum modo pertençam à mesma família religiosa". E, finalmente, a *associação* entre aqueles que "se dedicam às mesmas ou semelhantes obras externas" (n. 22). Definitivamente, a conclusão geral do decreto estabelece de algum modo o critério decisivo para todos: "responder com presteza de ânimo a sua vocação divina e a sua função dentro da Igreja nos tempos presentes" (n. 25), a saber: 1) decisão radical; 2) função eclesial; e 3) resposta às necessidades do próprio tempo.

Trata-se, como se depreende, de uma chamada cristalinamente óbvia, que no entanto pode redundar em uma dureza demasiado exigente. Por isso, a tradução concreta fica entregue, antes de tudo, aos protagonistas. Posicionando-se de fora, o mais adequado é a acolhida respeitosa de suas decisões e, a partir daí, a colaboração fraterna em busca do melhor acerto eclesial. Com este espírito e nesse sentido, existe algo absolutamente fundamental que se pode dizer, pois talvez possa ser percebido um pouco melhor estando em uma postura não tão diretamente implicada.

Refere-se justamente à advertência diante do perigo de que a afeição à própria tradição e o compromisso com a forma concreta do próprio carisma diminuam a iniciativa, de tal modo que a transformação acabe ditada pela fatalidade do processo e não dirigida pela busca de uma missão atualizada. Por vezes, poderá constituir-se em ato heróico agüentar até o último momento, em uma "resistência numantina". Normalmente, porém, isso leva à administração de meros resíduos, quando não a uma espécie de lenta agonia que pode acabar na morte por consumpção. Nos casos extremos — e tudo indica que serão cada vez mais numerosos —, o melhor será assumir livremente — na fé, no amor e na esperança — uma transformação radical que, abandonando o secundário, salve o fundamental, renascendo de um mundo novo, talvez mediante a fusão com outros igualmente dispostos.

É o que, em face da resistência numantina, gosto de chamar de "morte estaurológica": morte, porque é preciso reconhecer a dureza do processo, que obriga a deixar no sepulcro "as faixas e o sudário", como despojos talvez muito queridos; porém, morte que livremente passa pela cruz (*staurós*), porque confia em ressuscitar, transfigurada em brotos de vida para a comunidade. Esse tipo de morte "é o final de uma missão cumprida, e não o final de um ciclo fracassado"[16]. Ademais, convém acrescentar que se trata do final de uma *particularidade* que, definitivamente, é sempre secundária; porém, pode ser também o começo de uma nova *universalidade* na vida comum da Igreja, que é o que verdadeiramente importa[17].

---

16. F. MARTÍNEZ DÍEZ, *Refundar la vida religiosa*, op. cit., p. 322; cf. pp. 318-324, onde fala da "arte de viver e morrer carismaticamente". Não deixa de impressionar o fato de que sejam estas as páginas que fecham o livro, escrito a partir do íntimo, com lucidez e audácia.

17. Neste sentido, J. B. Metz está com a razão quando dá a entender que a verdadeira persistência é a da Igreja, e não a das formas particulares. De qualquer maneira, não me agrada o vocabulário excessivamente sobrenaturalista: não é uma

Estas palavras podem soar abstratas. Não obstante, remetem a algo muito concreto e que pode se tornar de transcendência vital. Uma vida religiosa zelosa de sua identidade, porém não narcisisticamente presa ao jugo da pequena tradição e capaz de deixar que os mortos enterrem seus mortos, tem diante de si um desafio tão engrandecedor quanto austero: encontrar novas formas que a revitalizem e ressuscitem em um mundo que, não por rechaçar ou simplesmente compreender mal as formas velhas, tem menos necessidade do que elas veiculavam. A presença de Deus como fonte contínua segue chamando a esse mundo tanto como no primeiro dia da criação, e as chagas de sempre continuam a doer nos membros pobres, marginalizados e excluídos da sociedade.

Em meio a tantos rodeios e tentativas, não é nem arriscado nem demasiado otimista afirmar que em seus fundos mais vivos a vida religiosa o está percebendo. O que às vezes pode assemelhar-se a uma deriva sem rumo tem muito de uma auscultação dos "gemidos inexprimíveis" com que o Espírito está sempre procurando manter viva a difícil esperança da humanidade (cf. Rm 8,22-27). De fato, por meio do deslocamento na acentuação dos votos, a que já aludimos, está se tornando cada vez mais clara a percepção do que se pode denominar o "voto último e radical": a disposição decidida e inquebrantável a *configurar a vida toda* — seja do modo que for, nesta ou naquela ordem ou congregação — de maneira que possa ser também

---

falta de assistência do Espírito, mas sua presença sob outra forma. Vejam-se suas palavras: "Experimentei repetidas vezes a impressão de que as ordens religiosas concretas, ou determinadas comunidades regionais dentro das ordens, procuram imitar, em seu próprio nível e cada uma para si, aquela invencibilidade e perenidade que só foi prometida à Igreja em sua totalidade. Não conta por acaso, em segredo, cada uma das ordens, com uma assistência do Espírito de Deus em seu favor, com o mesmo alcance que o da Igreja universal? Todavia, com relação ao Espírito de Deus na Igreja, afirmou-se não só que sopra onde quer e como quer, mas também que sopra pelo tempo que quiser. Não deveriam as instituições criadas na Igreja pelo Espírito, por uma melhor opção, partir da idéia de que não têm para sempre essa assistência? Não deveriam incluir em seus cálculos, precisamente porque sua origem vem do Espírito, o fato de que podem desaparecer e morrer?" (*Las Órdenes religiosas. Su misión en um futuro próximo como testimonio vivo del seguimiento de Cristo*. Barcelona, 1988, p. 22).

para o mundo atual encarnação de uma existência centrada no "Deus do mundo"; mais concretamente ainda, centrada no Deus que em Jesus de Nazaré — modelo último de toda vida religiosa — manifestou-se, antes de tudo e acima de tudo, como o "Deus dos pobres", o Deus que na Igreja continua a suscitar modos de vida que se consagram a torná-la visível na obscuridade dos despojados, no sofrimento da marginalização e no abandono da exclusão.

IV

Uma aplicação concreta: contribuir para a presença do verdadeiro Deus de Jesus

Felizmente, a importância desta íntima propensão da vida religiosa a derramar-se com *amor de misericórdia* sobre as diversas formas da necessidade e do sofrimento humano está hoje muito viva. Demonstra sua força em novas iniciativas e se faz visível em lugares aos quais só é possível ter acesso com grandes doses de generosidade e entrega evangélicas.

Por essa razão, para concluir, merece que se insista em outra dimensão menos imediatamente prática, porém inseparável da anterior, pois, definitivamente, ela constitui sua raiz mais íntima e, bem cultivada, transforma-se em seu melhor alimento. Refiro-me ao esforço por recriar e tornar visível uma nova imagem de Deus que responda ao aspecto mais original que se nos revelou em Jesus e sintonize verdadeiramente com os anseios, intuições e exigências de nosso tempo.

1. A necessidade de uma séria formação teológica

O primeiro requisito consiste, naturalmente, em levar muito a sério a necessidade dessa recriação. Velhos hábitos, reforçados com o gotejamento insistente e quase irresistível de leituras ascéticas, litúrgicas e teológicas que nos chegam de um passado que então foi legítimo e até glorioso, que porém já não é nosso, estão mantendo em pé uma imagem de Deus que cada vez se torna menos crível e possível de ser vivida. Porque entre a elaboração da teologia clássica e a situação presente está de permeio a *revolução cultural* da modernidade. Uma revolução tão profunda que alterou todos os parâmetros do pensamento, da sensibilidade e da capacidade de ação.

De um mundo sacro, continuamente perpassado por forças de fora do mundo que, ou surgiam do abismo para tentar causar dano e provocar enfermidades, ou então baixavam do céu para ajudar, salvar e curar, passamos para um mundo secular, regido por leis imanentes, com *autonomia própria*, autonomia que o próprio Vaticano II reconheceu como legítima e até como um enorme avanço na história da humanidade. Algo que, além do mais, o advento da ciência e a emancipação da razão filosófica tornaram evidente para a consciência e consolidaram de maneira irreversível para a vida.

Os Salmos, o Novo Testamento e a piedade tradicional podiam, diretamente e sem mediação de qualquer tipo, atribuir a Deus ou ao demônio diversos acontecimentos mundanos, conforme fossem felizes ou infelizes. Hoje já não é possível. Enquanto falamos de fenômenos ocorridos no mundo, impôs-se a evidência de que a "hipótese Deus" (Laplace) é supérflua como explicação; mais ainda, que é ilegítima e que obstinar-se nela acaba fatalmente por prejudicar a credibilidade da fé. E não se pode ignorar que isso já não acontece hoje exclusivamente nos livros, mas que, a começar pelos meios de comunicação e pela escola, impregnou de maneira irreversível a cultura geral.

O mesmo se diga de outro capítulo decisivo: o de nossa *maneira de ler a Bíblia*. Galileu foi condenado porque afirmava ser a terra que se movia ao redor do sol, quando a Bíblia diz o contrário (Js 10,13; Ecl 1,45). Ninguém hoje, por mais que tente e por mais piedoso que seja, pode deixar de pensar como Galileu. Sucede o mesmo com narrativas que até ontem pareciam óbvias: quem pode acreditar, depois das teorias evolutivas, que Adão e Eva andassem pelo Paraíso, sábios, imortais, sem defeitos (embora em seguida, de modo inexplicável nessa hipótese, cometessem o pecado mais estulto...)? Mais grave ainda:

quem se atreve a afirmar que Deus, por causa desse pecado, castigou e continua a castigar milhares de milhões, definitivamente inocentes? Quem pode tomar como um fato real que Deus pudesse mandar um pai, Abraão, matar seu filho? Ou induzir Davi a pecar, para assim poder castigá-lo (2Sm 24)? Ou, muitíssimo pior ainda, que pudesse exigir a morte de seu Filho para assim poder perdoar a humanidade?

Insisto em coisas tão passadas[1], que poderiam ser multiplicadas ao infinito, para que se veja a magnitude da mudança e a necessidade de uma profunda transformação. Porque não se trata do fato de que essas narrativas ou afirmações sejam simplesmente falsas: *o que* nelas se pretende dizer, ou é verdade, ou está a caminho da verdade definitivamente revelada em Cristo; é *o modo* de compreendê-las e expressá-las que já não é válido. Vale dizer, a *fé* que por meio dessa tradição nos é transmitida é tão válida como sempre; porém, a *teologia* mediante a qual se explica nem sempre o é. Confundir uma com a outra pode tornar-se mortal para a primeira, porque, não podendo aceitar *essa* teologia, muitas pessoas na cultura atual acreditam-se obrigadas a rechaçar *a fé* — como se diz, "jogar fora a criança com a água do banho".

Compreende-se porém, igualmente, que não se trata de uma transformação fácil ou superficial, que afete detalhes pequenos ou secundários. Afeta a interpretação dos próprios *fundamentos*, e isso não pode ser feito sem uma grande preparação e uma responsabilidade muito séria. Não vou afirmar que compete à vida religiosa realizá-la: existe uma função na Igreja — a teológica — à qual compete o peso principal. Porém, centrando-se toda ela em torno da vivência e da visibilização de Deus no mundo, a vida religiosa de fato está muito direta e essencialmente envolvida. É evidente que nem todos deverão ser nela teólogos ou teólogas criadores. Mas é óbvio que *ninguém* nela pode desentender-se em relação a algo que afeta o próprio cerne de sua existência.

Seria tão absurdo quanto entrar em um convento e prescindir da formação espiritual. E quem quer que seja compreende que tal formação *hoje* se torna impossível sem uma consciência teológica adequada

---

1. Explico-as mais detalhadamente no opúsculo *Creer de otra manera*, Santander, Sal Terrae, 1999.

à própria cultura. Quando verdadeiramente alguém encontra um religioso ou uma religiosa, de imediato não lhe importa que seja competente em matemática, em biologia ou em história. Espera — e com todo o direito — que o seja nas questões religiosas.

Por isso, e é aonde esta parte pretende chegar muito concretamente, parece-me suicida continuar mantendo essa política segundo a qual os que se incorporam a comunidades religiosas dedicam o melhor de seu trabalho intelectual a estudar uma carreira alheia à teologia. Confesso que, principalmente na situação atual, excede minha capacidade de compreensão: é como se me falassem de alguém que quer ser médico, mas que, como carreira à qual dedica a energia de sua juventude, o que estuda é astronomia (embora logo se acrescente que, para compensar, faz, fez ou fará alguns cursos de iniciação astronômica e que assistiu a cursinhos sobre planetas ou coisas semelhantes).

Se a vivência, a compreensão e o testemunho da fé não apenas são algo sério na vida — como para todo cristão, que por isso deve também atualizar-se teologicamente —, mas são assumidos como eixo e dedicação fundamental, tudo deve girar em torno disso: *também os estudos*. Outra postura, ao menos nas circunstâncias atuais, indicaria — por mais que se afirme o contrário — que, no fundo, não se leva a sério o propósito de configurar, tanto quanto possível, a vida *inteira* como vivência e testemunho da fé.

Felizmente, tudo indica que isso começa a ser compreendido e por isso há cada vez mais religiosos e religiosas (sobretudo as religiosas, pois, como sempre, os homens tiveram em geral certo privilégio) que estudam teologia como sua carreira óbvia e normal. Além do mais, favorece essa orientação o fato, a que antes aludimos, de que a dedicação a carreiras seculares torna-se cada vez mais desnecessária, menos justificada e até impossível: deixando de lado as dedicações especiais a partir do "amor misericordioso", em nossas sociedades o normal vai sendo — e o será em medida crescente — não se dedicar, por exemplo, à medicina ou ao ensino, mas sim à *pastoral* da saúde ou escolar. E para isso o que se precisa é, evidentemente, de uma preparação teológica, o mais séria e atualizada possível.

Uma aplicação concreta: contribuir para a presença do verdadeiro Deus de Jesus

E creio chegada a hora de reconhecer como nulo o fundamento de um raciocínio demasiado fácil a que se recorre: "eu estudo uma carreira porque, ensinando matemática ou história, transmito valores cristãos". Se possuidores de lucidez, não podemos negar-nos a reconhecer aí uma razão desesperada (mesmo que seja subjetivamente sincera). Primeiro, porque cada cadeira disciplinar é para o que é, e não pode ser instrumentalizada de maneira direta para transmitir outros valores. (Quanto ao mais, é preciso ser realistas: nada garante que o religioso ou a religiosa venham a ser tão bons professores nessa cadeira, a ponto de se tornarem exemplares por meio de seu ensino; ou melhor, convém contar com o fato de que, pela típica dinâmica da exigência escolar, não poucas vezes acontece o contrário.) E, em segundo lugar, porque na medida em que todo professor há de ensinar de maneira que favoreça também o crescimento humano — e ainda, em seu caso, *cristão* — de seus alunos, isso vale para *todo* professor: para tanto, não é preciso ser religioso.

2. Orar ao Deus de Jesus

Afirmou-se anteriormente que essa insistência na formação teológica e a contribuição correspondente para a transformação atualizadora da teologia não é tudo na vida religiosa, mas simplesmente uma parte, ainda que importante. Pois bem, no âmbito dessa transformação, gostaria de assinalar ainda uma questão decisiva: a de *reconfigurar a oração*, de modo que não só respeite o amor infinito e infinitamente gratuito do Deus de Jesus, mas também ajude a cultivar sua consciência na humanidade.

Insistir na importância da oração na vida religiosa seria chover no molhado. Tampouco é preciso salientar a íntima dialética entre a *lex orandi* e a *lex credendi*: "dize-me como é tua oração, e te direi como é teu Deus; dize-me como é teu Deus, e te direi como é tua oração". E, contudo, dificilmente se pode negar que hoje é de extrema urgência revisar muito a fundo o modo de orar, para que seja adequado à nova imagem de Deus exigida pela sensibilidade atual.

Não se trata, evidentemente, de "acomodar-se à figura deste mundo", mas absolutamente o contrário: de aproveitar a chamada dos "sinais dos tempos" como uma profecia que nos chega do melhor da evolução cultural e de sua repercussão na teologia, para realizar uma autêntica *conversão*. Se efetivamente se realiza, não se torna difícil descobrir que aquilo que é mais novo na realidade nos remete ao mais original e genuíno da experiência evangélica.

Quando os discípulos começaram a perceber a novidade que Jesus introduzia na imagem de Deus, compreenderam a necessidade de mudar seu modo de orar: "Senhor, ensina-nos a rezar, como João o ensinou a seus discípulos" (Lc 11,1). E Jesus ensinou-lhes a dizer: *Abbá* (pai, a rigor *papai*, uma vez que se trata de idêntica onomatopéia infantil). Porém, esse ensinamento, aparentemente tão simples, é tão sério e delicado que continuamente corremos o risco de obscurecê-lo, carregando-o com nossos medos e deformando-o com nossos fantasmas: Deus nos escapa para o além, para o céu, e acabamos por vê-lo distante, dominador e justiceiro.

Por essa razão, necessitamos redescobrir constantemente esse rosto que Jesus procurou nos revelar. Nesse sentido, a mudança cultural, tanto pela contribuição positiva dos estudos bíblicos como pela dura purificação negativa a que nos obrigou a crítica da religião, constitui uma oportunidade excelente. A resistência à mudança, ao contrário, a despeito da fidelidade à letra e apesar, ainda, de toda a boa vontade, corre o risco de transformar-se em uma terrível semeadura de ateísmo.

Trata-se de afirmações fortes, sem dúvida, que aqui não é possível fundamentar em detalhes. Entretanto, talvez algumas simples referências possam indicar a profunda verdade para a qual apontam[2]. O fio condutor é o seguinte:

Se "Deus é amor" (1Jo 4,8.16), ou seja, se todo o seu ser *consiste em amar*, fica óbvio que nos criou — e continua criando-nos e sus-

---

2. Para uma fundamentação mais detalhada, reporto-me ao último capítulo de meu livro *Recuperar la creación. Por una religión humanizadora*. Santander, Sal Terrae, 1998², pp. 247-294 (pode-se ver um adiantamento em "Más allá de la oración de petición", *Iglesia Viva* 152 [1991], 157-193).

tentando-nos, pois a criação é um ato *contínuo* — para nossa realização e nossa felicidade (não, portanto, "para servi-lo", nem "para sua glória", ao menos no sentido normal que todos atribuem a essas palavras). Como criador, sua glória é nossa vida (Ireneu); como pai /mãe, sua alegria é ver nossa alegria, e se deleita com nossos êxitos e realizações. Por isso, na história da salvação — apesar de tantos erros terríveis, e pior, erros por nós cometidos — aprendemos que toda sua ação na comunidade é dirigida *única e exclusivamente* a ajudar a salvar. Em Jesus, compreendemos finalmente que nem sequer compete a nossa expectativa, mas que seu amor nos precede desde sempre: "Ninguém pode vir a mim se o meu Pai que o enviou não o atrair" (Jo 6,44); e que nos precede sem condições: "sobre os maus e os bons", "sobre os justos e os injustos" (Mt 5,45). Daí o chamado de Jesus à confiança total, pois "até os vossos cabelos estão todos contados" (Lc 12,7).

É claro que a um Deus assim *não necessitamos* pedir nada, porque já nos está dando tudo. O que necessitamos é justamente o contrário: deixar-nos convencer, ajudar e salvar; confiar em que, apesar das aparências, ele está sempre conosco, fazendo *todo o possível* por nosso bem e nossa felicidade. Se algo falha, não é nunca de sua parte, porque o que se opõe a nosso bem opõe-se *identicamente* a seu amor por nós (e com maior força, se é possível: também os pais humanos vivem antes e com maior intensidade os males de seus filhos). Falhará a realidade que, como finita, tem sentenças inevitáveis; e falharemos nós, que não compreendemos, resistimos ou nos negamos às coisas[3].

---

3. Como se pode depreender, faço alusão ao *problema do mal*. Também aqui, é preciso romper tópicos: o mal é o inevitável, pois, dada a *finitude* da criatura, pensar que possa ser perfeita equivale a pensar em um "círculo quadrado" (literalmente, ainda que na complexidade do real não apareça tão claro como na simplicidade da figura geométrica: ser círculo implica *inevitavelmente* não poder ser quadrado). Deus é onipotente, porém o ser finito "não dá mais de si". Por isso Deus não "manda", nem sequer, propriamente, "consente" o mal, produzido *inevitavelmente* pelas contradições das criaturas, mas luta a nosso lado contra ele, sempre em nosso favor. Procurei desenvolver mais amplamente estas idéias, cf., entre outros: *Recuperar la salvación*, Santander, Sal Terrae, 1995², cap. 2, pp. 87-155; *Creo em Dios Padre*. Santander, Sal Terrae, 1998⁵, pp. 109-149; El mal inevitable: Replanteamiento de la Teodicea: Secularización del mal, "Ponerología", "Pisteodicea", em M. FRAIJÓ, J. MASIÁ (orgs.) *Cristianismo e Ilustración*, UPCO, Madrid, 1995, pp. 241-292.

Em última instância, quando algo que pode ter solução não a recebe, é porque nós não colaboramos com Deus. Então sim cabe falar em *petição*; porém *de Deus para nós*: para que nos deixemos salvar, para que acolhamos seu chamado e seu impulso em favor dos irmãos necessitados. Não é este o sentido mais genuíno e, no fundo, único do "mandamento" do amor?

Examinemos agora *nossas orações de petição*. Prescindamos, para tanto, das intenções subjetivas, examinando-as no que elas dizem *em e por si mesmas*. Partamos de um exemplo entre os milhões que se ouvem em qualquer domingo em nossas igrejas:

— Para que as crianças da África não morram de fome, roguemos ao Senhor.
— Senhor, escuta e tem piedade.

O que estamos *implicando objetivamente* aí e, portanto, gravando em nosso inconsciente individual e propagando no imaginário coletivo?

Procedendo com objetividade e falando cruamente (sempre com a ressalva de que não nos referimos às intenções subjetivas e conscientes), não há por que negar implicações gravíssimas. De um lado, o teor dessas petições implica: 1) que nós percebemos a necessidade e tomamos a iniciativa: somos bons e procuramos convencer a Deus para que *também* ele o seja; 2) que, em troca, Deus se mantém passivo, ou pelo menos não suficientemente ativo e generoso até que nós o convençamos, se formos capazes. Por outro lado, e isto é muito mais grave: 3) que se no domingo seguinte as crianças africanas continuam a morrer de fome, a lógica mais elementar impõe a conseqüência: Deus "não ouviu nem teve piedade". Finalmente, e muitíssimo mais grave ainda: 4) que Deus *poderia, se quisesse*, solucionar o problema da fome e, por conseguinte, também o das enfermidades e o dos acidentes, e o dos assassinatos e o das guerras...; porém, ao que parece, não quer fazê-lo.

Tomamos consciência do que significa tudo isso? Sem pretendê-lo em nossa intenção consciente, certamente porém implicando-o de modo necessário na objetividade do que decidimos, estamos projetando uma imagem monstruosa de Deus. Não apenas ferimos a ternura infinita de um amor que não pensa mais do que em ajudar e salvar, mas acabamos por dizer implicitamente algo que não nos atreveríamos a dizer nem do mais infame dos humanos. Porque quem, se estivesse a seu alcance, duvidaria em eliminar do mundo tanto mal e tanto horror? Será Deus o único capaz de tão inconcebível monstruosidade?

Estou muito consciente de que *ninguém* pretende afirmá-lo e de que na mente de quem quer que seja se agrupam explicações atenuantes e se multiplicam as restrições e as atenuações. Entretanto, *a objetividade das frases* aí está, cravando a marteladas nos espíritos a imagem de um "deus" a quem é preciso suplicar e convencer; para quem, inclusive, procuram-se recomendações e a quem se pretende mover com dádivas ou sacrifícios; que, apesar de tudo, poucas vezes faz caso deles; e, quando o faz, é só raramente e para favorecer a alguns poucos... As sutilezas teológicas podem procurar esclarecer tudo; porém, basta olhar as práticas de piedade comuns e até examinar com um mínimo de cuidado crítico grande parte das orações — tenho entre meus papéis nada menos do que uma estampa com uma "novena irresistível" — para ver que imagem paupérrima de Deus está sendo transmitida e que estranhos comércios se buscam estabelecer com ele.

Felizmente, a boa intenção supre muitas coisas e a linguagem tem outras dimensões além da lógica e objetiva, de tal modo que nem *tudo* depende dela. Porém, não se deve chegar à contradição entre as diferentes dimensões (é certo que às vezes até uma blasfêmia pode ser "oração"; contudo, não creio que ninguém recomende tal modo de orar...). Não se pode tampouco jogar com questões tão extremamente delicadas: o que se tornava talvez assimilável em um ambiente mais sagrado pode tornar-se deletério em uma cultura secular.

Porque, além disso, existe outro fator muito importante: essas idéias, que expostas "a partir de dentro" e tomadas a sério constituem uma ajuda inestimável para purificar nossa imagem de Deus, hoje podem ser utilizadas — e o são — por qualquer um ou pela imprensa como um ataque contra a fé. Um ataque formidável, de eficácia devastadora, pois carregado de razões objetivas. E é claro que nesse âmbito de nada valem nem as prudências pastorais nem as restrições teológicas.

Naturalmente, uma vez alertados, tudo isso se torna suficientemente claro. O que acontece é que vivemos tão imersos na petição que nem sequer o percebemos; e quando se ouve pela primeira vez disparam *resistências espontâneas*. Resistências que, além disso, parecem ter apoio e garantia muito sérios na própria Escritura. Porque é evidente que não só são copiosas as petições em toda ela, mas o próprio Jesus parece recomendá-las encarecidamente: "Pedi, e ser-vos-á dado" (Mt 7,7; Lc 11,9).

O dado é inegável, mas também o é que exige *interpretação*. Logo de saída, basta lê-lo para perceber que, tomado à letra, seria uma enorme falsidade: quantas petições, inclusive feitas com todas as garantias litúrgicas e de conteúdo, são outorgadas? Por outro lado, quando se examina de perto a questão, aparece logo a enorme cautela de Jesus — naquele tempo e naquela cultura! — ao falar do tema:

> Quando orardes, não multipliqueis palavras como fazem os pagãos; eles imaginam que pelo muito falar se farão atender. Não vos assemelheis, pois, a eles, porque vosso Pai sabe do que precisais, antes que lho peçais (Mt 6,7-8).

Marcos, por sua vez, cita uma frase significativa e tão estranha que causou problema já nos próprios manuscritos:

> Por isso é que vos digo: Tudo o que pedis rezando, *acreditai que o recebestes*, e vos será concedido (Mc 11,24).

Finalmente, a exegese mostra que, na exortação a pedir, a verdadeira ênfase não está em pedir muito, e sim em *confiar muito*. A famosa parábola do "amigo importuno" pertence às parábolas "de contraste", que insistem no "muito mais" da bondade e do amor de Deus. Bondade que supera todo o pensável e imaginável: torna-se inconcebível que um amigo falte desse modo à hospitalidade, "quanto mais Deus!". É impossível que ele falhe conosco: a segurança é absoluta! (Para averiguar a força de tudo isso, leia-se Lc 11,5-13; 7,7-11; e também a parábola do juiz iníquo: Lc 18,1-8)[4].

---

4. J. JEREMIAS, *Las parábolas de Jesús*, Estella, 1981[6], pp. 188-195. Sua interpretação é assumida e confirmada por J. A. FITZMYER, em seu amplo e documentado comentário *El evangelio según san Lucas* III, Madrid, 1987, pp. 326-332 e 840-853:

A aplicação é óbvia: se algo busca salientar tudo quanto estamos dizendo até aqui é justamente essa confiança sem limites, de tal modo que a aparente infidelidade à letra acaba se demonstrando como a mais profunda fidelidade ao espírito.

E note-se, além disso, que dessa maneira *não se renuncia a nenhum modo nem dimensão da oração*: tudo quanto vivemos e experimentamos diante de Deus, tudo de que necessitamos e tudo que desejamos, podemos expressá-lo sem recorrer à petição. Com a vantagem de que então o expomos *com toda a verdade*, pois não ferimos o infinito respeito que Deus merece de nós em seu amor e em sua iniciativa absolutos. E, além disso, educamos nosso interior e catequizamos o ambiente. Pense-se, para continuar com o exemplo, que outra profunda verdade e que distinto clima eclesial daí redundariam se a fórmula fosse deste teor ou semelhante:

— Senhor, em nossa preocupação com a fome das crianças na África, reconhecemos a petição de teu amor compadecido, que nos chama a que, superando nosso egoísmo, colaboremos contigo, ajudando-as com generosidade.

— Senhor, queremos escutar-te e ter piedade de nossos irmãos.

Evidentemente, a fórmula poderia ser diferente. Observa-se, porém, a direção a seguir.

3. Uma grandiosa tarefa para a vida religiosa

Que essa proposta goze de suficiente evidência intrínseca não significa que sempre se torna fácil fazê-la chegar à prática. Rompe

---

"a ênfase da narrativa está nessa certeza absoluta de que a oração será ouvida" (p. 327); "A argumentação procede por contraste: de menor a maior, de absurdo a razoável" (p. 335); "A indizível generosidade de vosso Pai, que está no céu, não tem nem ponto de comparação com a paternidade humana" (p. 336). O mesmo faz G. Lohfink, apesar de tratar-se de um trabalho em defesa da oração de petição: G. LOHFINK, Die Grundstruktur des biblischen Bittgebets, em G. GRESHAKE, G. LOHFINK (orgs.). *Bittgebet — Testfall des Glaubens*, Mainz, 1978, pp. 19-31, esp. pp. 24-26.

hábitos muito arraigados, anula fórmulas que já fazem parte de nossa espontaneidade, podendo mesmo perturbar, logo de saída, vivências que acalentamos e nos são muito caras. Nas primeiras tentativas, não é rara a sensação de permanecer na intempérie, sem palavras e como que perdidos em uma paisagem desconhecida. É o preço de toda mudança, a "morte" de todo rito de passagem. Exige uma autêntica conversão.

Faz parte, por isso, da disponibilidade radical da vida cristã, que deve estar sempre disposta a converter-se e "nascer de novo". Se o que está em jogo é verdadeiramente tão importante, o preço não é tão elevado e os frutos podem ser grandes. E assim, se isso vale para toda vida cristã, entra em cheio na missão da vida religiosa. Pois, se sua essência mais íntima consiste em centrar-se no "Deus do mundo", configurando-se em torno de sua vivência e testemunhando-o para a comunidade, nunca se esforçará o suficiente no cuidado com a relação, respeitando-a em sua verdade e acolhendo-a em sua verdadeira figura.

Além disso, justamente porque a tarefa é difícil e delicada, requer dedicação intensa e específica. E nenhuma configuração existencial vem a ser tão adequada para tanto como a da vida religiosa, que, por definição, faz girar a parte decisiva de seu tempo e de sua disponibilidade em torno dos valores do Reino. Concretamente, a oração, tanto em sua prática como em sua aprendizagem e até mesmo em sua docência, constituiu sempre nela o núcleo de sua preocupação e uma parte muito decisiva de sua missão na Igreja.

> Qualquer que seja o lugar que a ação apostólica ou o compromisso ativo nas tarefas da sociedade ocupe na "vida religiosa", a tradição sempre reconheceu que este projeto evangélico tinha entre suas notas distintivas uma atenção especial à *oração*[5].

Basta pensar na mística de nosso Século de Ouro para compreender tudo o que isso pode significar. E, dada a crise radical que a percepção do Divino sofreu com a entrada da modernidade e a profunda mudança a que isso está levando tanto na teologia como na piedade,

---

5. J. M. R. TILLARD, Vie consacrée, em *Dictionnaire d'Espiritualité*, p. 710.

não parece exagerado afirmar que passa por aqui também hoje *uma* das contribuições importantes que a vida religiosa pode proporcionar. Essa contribuição há de cumprir-se, é claro, antes de tudo, indo ao fundo da questão, buscando reorientar o compromisso fundamental e os hábitos profundos. E a seguir oferecendo à comunidade suas aquisições, abrindo espaços, descobrindo novos modos e criando novas fórmulas. Constituindo-se em autêntica *escola de oração* para o bem de toda a Igreja.

O esforço por criar novas fórmulas, concretamente, assume hoje uma urgência muito especial, em virtude dessa espécie de desamparo provocado pelo abandono das antigas. Na inevitável travessia do deserto que isso supõe, as pessoas criativas nesse campo poderiam oferecer a todos nós um serviço inestimável. Seria, sem dúvida, um excelente presente da vida religiosa para a Igreja e para o mundo, nesta hora em que se nos faz tão necessário descobrir de novo o rosto autêntico de Deus tal como um dia brilhou na palavra e na vida de Jesus de Nazaré.

Epílogo: carta do Brasil

Ir. Glória Josefina Viero, SMR

Caro Andrés:

Agradeço seu carinho pela Vida Religiosa (VR) e seu livro *Pelo Deus do mundo no mundo de Deus*, que muito me enriqueceu. Encantada, escrevo-lhe meu parecer sobre ele. Destaco alguns pontos que dizem mais respeito a minha experiência e àquilo que sonho como caminho de uma Vida Religiosa mais humanizadora.

Uma linguagem inclusiva. Para mim, o primeiro ponto importante é sua preocupação em assinalar o específico da VR com uma linguagem que não exclua nem discrimine outros tipos de vida cristã. A VR esteve muito contaminada por conotações de separação, de auto-suficiência e de privilégios na comunidade cristã. Hoje, porém, como você nos faz ver, já não é possível sintonizar nem sequer com as expressões que lhe atribuem como algo próprio dimensões que pertencem a todos os cristãos.

Não é fácil encontrar uma linguagem capaz de comunicar com mais fidelidade a intuição profunda que move a VR. A partir da nova eclesiologia do Vaticano II, já se realizou muito nessa direção; não obstante, muitas afirmações ainda presentes na teologia, como mostra seu texto, evocam antigas distorções que você nos ajuda a eliminar.

Uma definição da vida religiosa que queira constituir-se como evangelicamente correta e teologicamente aceitável há de precaver-se diante de toda tendência à especificação mediante qualquer tipo de separação, elevação ou privilégio (cap. 1, 1).

Seu livro aponta para uma compreensão e uma vivência da VR não em seu isolamento, mas na circularidade da vida comum e no calor de um caminhar compartilhado; não separada, mas em uma fecunda correlação de apoio e intercâmbio com outras formas de vida cristã. Com o conceito de polarização, você conseguiu expressar de modo muito mais significativo a intuição latente na experiência de muitas religiosas e religiosos e no esforço teológico atual. Como em suas outras obras, também aqui é louvável seu cuidado com a linguagem. Nesse sentido, é enorme sua contribuição para o atual propósito de repensar categorias teológicas que expressem melhor a intenção profunda da VR.

Uma vivência integradora. Um segundo aspecto muito ligado ao primeiro, e que para mim está no centro de sua reflexão — como indica o próprio título do livro — refere-se à concepção teológica da VR, que leva a superar o que ainda resta de contaminação do dualismo, ou a experiência de um Deus unilateralmente ligado à dimensão religiosa e que não avalia as realidades do mundo. Ao especificá-la como vida centrada *no Deus do mundo*, você rompe o conceito de uma VR que leva ao espiritualismo, e aponta a raiz mais profunda de uma espiritualidade como experiência integral e encarnada, intrinsecamente vinculada a todas as dimensões da vida: corporeidade, afetividade, sexualidade, compromisso sociopolítico... Uma espiritualidade que seja caminho de autêntica humanização no serviço apaixonado ao mundo. Como isso é importantíssimo para nossa vida e nossa missão!

A experiência de um Deus não interessado pelo mundo influi também diretamente no serviço apostólico. A animação religiosa específica fica desconectada da totalidade da vida e da questão social e mantém com ela uma relação puramente extrínseca. Em nosso mundo estruturalmente injusto, a experiência de um Deus que não se compromete com a vida na história é extremamente grave. Uma

Epílogo: carta do Brasil

VR centrada *no Deus do mundo* elimina essa dicotomia e possibilita um serviço apostólico mais integrador. Certamente terá de contar sempre com uma tensão entre as realidades em relação polar, mas será sempre uma tensão fecunda.

Polarização no "contemplativo" (cap. 1, 3). A especificação da VR como polarização no "contemplativo", como vivência testemunhal em um espaço comum aos estilos do pólo pastoral, é muito significativa. Em nossa realidade, em que o clero é escasso, existe uma tendência a canalizar a vida religiosa feminina em uma função de suplência clerical. Felizmente, muitas congregações, na medida em que é possível, abandonam essa posição, que empobrece a comunidade eclesial em seu conjunto e acaba colaborando para manter uma estrutura eclesial que necessita de mudanças mais profundas. A propósito dessa situação concreta, chamou-me a atenção o seguinte texto:

> O testemunho do Transcendente, que é o central, tende por si mesmo a transformar-se em serviço direto, assimilando-se ao "pastoral" ou também ao "laical", quando o contato pessoal ou, inclusive, a necessidade de *suprir* serviços — eclesiais, mas também seculares — assim o exige (cap. 1, 3; o destaque é meu).

Você se refere a uma flexibilidade muito positiva e enriquecedora. Como a especificidade da VR (e dos demais estilos de vida), em seu dinamismo, não possui contornos fechados e estanques, é normal sua convergência com outros modos de vida, deles assimilando muitos aspectos. Suprir serviços eclesiais e seculares quando há necessidade é, certamente, motivo de crescimento para todos: já o experimentei. Não obstante, uma situação de suplência permanente do clero é anômala e questionável do ponto de vista do lugar da mulher religiosa na Igreja.

Além disso, parece-me que, a partir do fato de que a VR se assimila ao pastoral e também ao laical, sua ação pastoral tende a projetar-se, por assim dizer, mais na esfera secular que na estritamente eclesial. Tende, por isso, a vivenciar o testemunho do transcendente, do *Deus do mundo*, nos mais diversos âmbitos da realidade social. É o caso das comunidades chamadas "comunidades de inserção", que na América Latina se dirigem de modo prioritário ao mundo dos excluídos.

Nesse contexto, o testemunho que se transforma em serviço orienta-se prioritariamente para os marginalizados, porque o *Deus do mundo* se reveste da figura do *Deus dos pobres*, como é mostrado em sua reflexão. Preocupa-me verdadeiramente o que você afirma em um de seus textos mais penetrantes. Falando das situações nas quais parece que *a face de Deus se eclipsa*, acrescenta:

> Cabe à vida religiosa um papel muito importante na tarefa cristã, isto é, mostrar que ocorre exatamente o contrário: que continua a ser verdadeira a bem-aventurança dos pobres, demonstrando que sua situação é justamente *o que Deus não quer*, e por isso, ainda que a sociedade os abandone, Deus não o faz jamais e está sempre do lado deles. Porém, apenas palavras não bastam para prová-lo. Só a dedicação amorosa e a presença de entrega absoluta podem fazer brilhar na escuridão provocada pela injustiça ou pelo egoísmo humano essa difícil verdade, talvez a mais radicalmente evangélica (cap. 2, 3).

A intenção fundamental em novas formas (cap. 2, 2). A distinção entre a intenção profunda e suas concreções históricas possibilita as mudanças que hoje se nos impõem. As formas são relativas, e podem ser mudadas para expressar melhor em cada tempo e nas diferentes realidades culturais a finalidade essencial. O critério decisivo — afirma você acertadamente — é "tornar possível e visível a intenção fundamental".

Em última instância, *algo será legítimo* na justa medida em que contribuir para configurar um modo de vida que seja vivência e manifestação do "Deus do mundo", isto é, *enquanto ajudar a conseguir uma vida que em si mesma constitua seu núcleo em torno do cultivo direto do transcendente e que, em sua manifestação, sirva de testemunho a serviço dos outros*. O restante, todo o restante, deve ser relativo a essa decisão central, para possibilitá-la e potencializá-la.

Estamos neste caminho nada fácil, porém carregado de nova esperança e vitalidade. De fato, está faltando coragem, não para efetuar mudanças superficiais, no intuito de resolver unicamente problemas imediatos, mas para desligar a experiência de formas passadas. A imobilidade em formas anacrônicas impede, ou pelo menos dificulta, a manifestação do *Deus do mundo* aos homens e mulheres de nosso tempo. Por isso, como você diz, é preciso distinguir a intenção profunda de suas concreções na história; reconhecer que essas concreções são relativas e buscar que os valores por elas veiculados se expressem em novas mediações culturais que visibilizem para hoje e em cada realidade a presença salvadora de Deus.

Reconfigurar a identidade a partir da missão (cap. 3, 1). A renovação efetua-se em continuidade com as raízes e em uma recriação. Todavia, você salienta que tudo deve partir do mais fundamental: da visão de uma unidade profunda entre criação e salvação, que supera o que ainda resta de uma VR que não avalia a vida em muitas de suas dimensões e que se entende separada do mundo. Em um mundo percebido como ação criadora de Deus, a VR só tem sentido inserindo-se nessa ação, para prolongá-la e encarná-la. Não há lugar para um espiritualismo desencarnado, mas somente para uma espiritualidade profundamente integradora. Nessa perspectiva, a configuração da VR se realiza em uma relação positiva com todas as dimensões de uma vida realmente humana e na abertura a novas exigências da missão.

Andrés, sua reflexão nos conduz a remover o problema de fundo: a contaminação do dualismo ainda presente na VR. A experiência do Deus criador que Jesus nos mostrou rompe radicalmente toda dicotomia. Descobri-lo amorosamente entregue ao mundo e empenhado em nossa humanização incide diretamente em uma nova espiritualidade, em um novo modo de compreender e vivenciar a relação com ele, com as pessoas e com o mundo criado. A missão torna-se fundamental: missão como serviço para que o mundo seja espaço de vida para todos.

No horizonte dessa experiência de Deus, você situa a reconfiguração de formas concretas da VR, como, por exemplo, os votos. São concreções históricas, e os valores por eles veiculados podem expressar-se de outro modo. Isso é já um dado para muitas e muitos: não obstante, na prática, parece-me que o caminho para novas modalidades de VR não ligadas à forma atual dos votos ainda está por acontecer. Recuperar a VR como experiência centrada no Deus da criação leva-nos a uma integração mais positiva da sexualidade na vivência do voto de castidade, historicamente afetado até a raiz por uma visão que nega o corpo e, nele, mais ainda, a sexualidade. Mas você, Andrés, dá um passo a mais: mostra que, a partir do Deus criador, não se justifica que o celibato ou a virgindade seja condição *indispensável* para a VR. De tal maneira que nada impede que se abram novas possibilidades de concreção que incluam cristãos casados. O celibato ou a virgindade continuarão como valor, principalmente na medida em que — como afirma o contundente texto de Joan Chittister — sejam assumidos mais como *oportunidade* do que como *negação*; mais como experiência que *permite ser* que como *proibição* (cf. nota 12 do cap. 3). Será, porém, uma riqueza enorme para todos a configuração de um estilo de VR que inclua as duas possibilidades.

Contribuir para manifestar o verdadeiro Deus de Jesus (cap. 4).

Refiro-me ao esforço por recriar e tornar visível uma nova imagem de Deus que responda ao aspecto mais original que se nos revelou em Jesus e sintonize verdadeiramente com os anseios, intuições e exigências de nosso tempo.

Sua reflexão sobre o amor de Deus em nossa vida levou-me a descobri-lo de um modo novo, a perceber melhor sua verdadeira presença amorosa. O que compreendo tem uma incidência muito forte na vida espiritual e no serviço apostólico junto aos pobres. Compreendi que certas angústias pessoais em relação a Deus em meio a uma situação de abandono, assim como a correspondente confusão em certos momentos para falar de seu amor tinham sua origem em questões muito profundas. A profundidade de sua reflexão sobre a imagem de Deus ajudou-me muito para uma vivência mais libertadora e para falar de modo mais significativo da presença de Deus. Percebo que existe uma ressonância muito positiva, mais libertadora.

Epílogo: carta do Brasil

Você nos indica duas questões, estritamente implicadas na busca de uma nova imagem de Deus, que deveríamos levar muito a sério: formação teológica (cap. 4, 1) e nova configuração da oração (cap. 4, 2). No atual contexto de mudança de paradigma, quando se impõe entender e vivenciar de outro modo a relação de Deus conosco, a VR, como vida que prioriza a vivência e a visibilização de Deus no mundo, não poderá prescindir de uma sólida formação teológica. Caso contrário, tornar-se-á muito difícil desprender a experiência da fé de imagens e expressões cristalizadas que dificultam e até impedem o anúncio testemunhal da presença viva de Deus hoje.

A VR feminina carrega um enorme atraso nesse sentido. Hoje, felizmente, aumenta de modo progressivo o número de religiosas nos cursos de teologia, mas são ainda pouquíssimas. Como mulheres, temos muito a conquistar nesse aspecto. A dimensão do testemunho e a do serviço específico requerem cada vez mais uma formação teológica. Evidentemente, como você diz, não se trata de todas as religiosas (e religiosos) se tornarem teólogas criadoras; isso porém não significa contentar-se com uma formação superficial.

Além disso, cresce hoje a consciência de que é importante para a vida da Igreja uma teologia mais compartilhada por homens e mulheres. Ao longo da história a teologia foi, na prática, uma tarefa realizada exclusivamente por homens. Só em tempos muito recentes iniciamos com paixão a mesma tarefa: iniciamos com "passos de pomba" e com árduo esforço. Desde então, abre-se de modo irreversível uma nova etapa da reflexão teológica, que tende a ser, com certeza, mais rica e mais humana, com o sabor de uma tarefa compartilhada.

A segunda questão decisiva: orar ao Deus de Jesus. É uma proposta irrenunciável: colaborar na grande tarefa de redescobrir a face do Deus de Jesus em uma oração que ajude a vivenciar e expressar o que, em seu amor, ele quer ser para nós. Estamos, além disso, presos a imagens e formas que nos chegam de outro tempo e que, por isso mesmo, dificultam e até impedem acolher e anunciar a radical novidade de Deus em nossa vida. Andrés, você nos alerta no sentido de que não é uma tarefa fácil abandonar hábitos, mudar imagens e expressões. Afirma, porém, que na tentativa de romper o esquema do repetitivo abrem-se possibilidades de uma experiência mais viva da relação de Deus conosco. Acredito ser um desafio que vale a pena! Já que reconfigurar nossa oração a partir do Deus de Jesus implica reconfigurar nossa vida na acolhida de seu amor sempre entregue.

Sua reflexão nos faz repensar a VR a partir de seu centro mais íntimo: Deus. A imagem que temos dele configura nossa vida e nossa missão na Igreja e no mundo.

A convicção de que a VR está centrada em Deus parece que sempre estava em nossa consciência de religiosos e religiosas. Não, porém, do mesmo modo a convicção de que se trata de um Deus sempre entregue amorosamente a um mundo criado por ele.

Por isso, você indica o mais fundamental no caminho da renovação da VR: recuperar a experiência de "Deus do mundo" que Jesus nos mostrou. Um Deus inteiramente voltado para sua criação, amorosamente inclinado para cada homem e cada mulher, empenhado em ajudar-nos e salvar-nos. Um Deus sempre próximo aos mais excluídos e identificado com eles. Centrar a vida no *Deus do mundo* significa, então, acolher seu amor no serviço ao mundo, a fim de que a vida seja abundante para todos.

Seu livro, Andrés, confirma e amplia a esperança que busco.

Com agradecimento, meu abraço,

GLÓRIA

DISTRIBUIDORES DE EDIÇÕES LOYOLA

Se o(a) senhor(a) não encontrar qualquer um de nossos livros em sua livraria preferida ou em nossos distribuidores, faça o pedido por reembolso postal a Rua 1822 nº 347 – Ipiranga – CEP 04216-000 São Paulo, SP • Caixa Postal 42335 – 04218-970 São Paulo, SP • Telefone (11) 6914-1922 • Fax: (11) 6163-4275 • Home page e vendas: www.loyola.com.br • e-mail: vendas@loyola.com.br

AMAZONAS

EDITORA VOZES LTDA
Rua Costa Azevedo, 105 – Centro
Tel.: (92) 233-5777 • Fax: (92) 233-0154
69010-230 **Manaus**, AM
e-mail: vozes61@uol.com.br

LIVRARIAS PAULINAS
Av. 7 de Setembro, 665
Tel.: (92) 633-4251/233-5130 • Fax: (92) 633-4017
69005-141 **Manaus**, AM
e-mail: livmanaus@paulinas.org.br

BAHIA

LIVRARIA E DISTRIB. MULTICAMP LTDA
Rua Direita da Piedade, 20/22 – Piedade
Tel.: (71) 329-0326 / 329-1381
Telefax.: (71) 329-0109
40070-190 **Salvador**, BA
e-mail: multicamp@uol.com.br

EDITORA VOZES LTDA
Rua Carlos Gomes, 698A – Conjunto Bela Center – loja 2
Tel.: (71) 329-5466 • Fax: (71) 329-4749
40060-410 **Salvador**, BA
e-mail: vozes20@uol.com.br

LIVRARIAS PAULINAS
Av. 7 de Setembro, 680 – São Pedro
Tel.: (71) 329-2477/329-3668 • Fax: (71) 329-2546
40060-001 **Salvador**, BA
e-mail: livsalvador@paulinas.org.br

BRASÍLIA

EDITORA VOZES LTDA
SCLR/Norte – Q. 704 – Bloco A n. 15
Tel.: (61) 326-2436 • Fax: (61) 326-2282
70730-516 **Brasília**, DF
e-mail: vozes09@uol.com.br

LIVRARIAS PAULINAS
SCS – Q. 05 – Bl. C – Lojas 19/22 - Centro
Tel.: (61) 225-9595 • Fax: (61) 225-9219
70300-500 **Brasília**, DF
e-mail: livbrasilia@paulinas.org.br

CEARÁ

EDITORA VOZES LTDA
Rua Major Facundo, 730
Tel.: (85) 231-9321 • Fax: (85) 221-4238
60025-100 **Fortaleza**, CE
e-mail: vozes23@uol.com.br

LIVRARIAS PAULINAS
Rua Major Facundo, 332
Tel.: (85) 226-7544 / 226-7398 • Fax: (85) 226-9930
60025-100 **Fortaleza**, CE
e-mail: livfortaleza@paulinas.org.br

ESPÍRITO SANTO

LIVRARIAS PAULINAS
Rua Barão de Itapemirim, 216 - Centro
Tel.: (27) 3223-1318 / 0800-15-712 • Fax: (27) 3222-3532
29010-060 **Vitória**, ES
e-mail: livvitoria@paulinas.org.br

GOIÁS

LIVRARIA ALTERNATIVA
Rua 70, nº 124 - Setor Central
Tel: (62) 229-0107 • Fax: (62) 212-1035
74055-120 **Goiânia**, GO
e-mail: distribuidora@livrariaalternativa.com.br

EDITORA VOZES LTDA
Rua 3, nº 291
Tel.: (62) 225-3077 • Fax: (62) 225-5994
74023-010 **Goiânia**, GO
e-mail: vozes27@uol.com.br

LIVRARIAS PAULINAS
Av. Goiás, 636
Tel.: (62) 224-2585/224-2329 • Fax: (62) 224-2247
74010-010 **Goiânia**, GO
e-mail: livgoiania@paulinas.org.br

MARANHÃO

EDITORA VOZES LTDA
Rua da Palma, 502 – Centro
Tel.: (98) 221-0715 • Fax: (98) 231-0641
65010-440 **São Luís**, MA
e-mail: livrariavozes@terra.com.br

LIVRARIAS PAULINAS
Rua de Santana, 499 – Centro
Tel.: (98) 232-3068 / 232-3072 • Fax: (98) 232-2692
65015-440 **São Luís**, MA
e-mail: fspsaoluis@elo.com.br

MATO GROSSO

EDITORA VOZES LTDA
Rua Antônio Maria Coelho, 197A
Tel.: (65) 623-5307 • Fax: (65) 623-5186
78005-970 **Cuiabá**, MT
e-mail: vozes54@uol.com.br

MARCHI LIVRARIA E DISTRIBUIDORA LTDA
– LIVRARIA VOGAL –
Av. Getúlio Vargas, 381 – Centro
Tel.: (65) 3226-9677 • Fax: (65) 322-3350
78005-600 **Cuiabá**, MT
e-mail: fmarchi@terra.com.br

MINAS GERAIS

EDITORA VOZES LTDA
Rua Sergipe, 120 – loja 1
Tel.: (31) 3226-9010 • Fax: (31) 3226-7797
30130-170 **Belo Horizonte**, MG
e-mail: vozes04@uol.com.br

EDITORA VOZES LTDA
Rua Tupis, 114
Tel.: (31) 3273-2538 • Fax: (31) 3222-4482
30190-060 **Belo Horizonte**, MG
e-mail: vozes32@uol.com.br

Rua Espírito Santo, 963
Tel.: (32) 3215-9050 • Fax: (32) 3215-8061
36010-041 **Juiz de Fora**, MG
e-mail: vozes35@uol.com.br

ASTECA DISTRIBUIDORA DE LIVROS LTDA.
Rua Costa Monteiro, 50 e 54
Bairro Sagrada Família
Tel.: (31) 3423-7979 • Fax: (31) 3424-7667
31030-480 **Belo Horizonte**, MG
e-mail: distribuidora@astecabooks.com.br

LIVRARIAS PAULINAS
Av. Afonso Pena, 2142
Tel.: (31) 3269-3700 • Fax: (31) 3269-3730
30130-007 **Belo Horizonte**, MG
e-mail: livbelohorizonte@paulinas.org.br

Rua Curitiba, 870 - Centro
Tel.: (31) 3224-2832 • Fax (31) 3224-2208
30170-120 **Belo Horizonte**, MG
e-mail: gerencialivbelohorizonte@paulinas.org.br

MÃE DA IGREJA LTDA
Rua São Paulo, 1054/1233 – Centro
Tel.: (31) 3213-4740 / 3213-0031
30170-131 **Belo Horizonte**, MG
e-mail: maedaigrejabh@wminas.com

PARÁ

LIVRARIAS PAULINAS
Rua Santo Antônio, 278 – Bairro do Comércio
Tel.: (91) 241-3607 / 241-4845 • Fax: (91) 224-3482
66010-090 **Belém**, PA
e-mail: livbelem@paulinas.org.br

PARANÁ

EDITORA VOZES LTDA
Rua Voluntários da Pátria, 41– Loja 39
Tel.: (41) 233-1392 • Fax: (41) 224-1442
80020-000 **Curitiba**, PR
e-mail: vozes21@uol.com.br

Rua Senador Souza Neves, 158-C
Tel.: (43) 3337-3129 • Fax: (43) 3325-7167
86020-160 **Londrina**, PR
e-mail: vozes41@uol.com.br

LIVRARIA MILLENIUM LTDA.
Rua Dr. Goulin, 1523 – Hugo Lange
Tel.: (41) 362-0296 / 262-8992
Fax: (41) 362-0296 / 362-1367
80040-280 **Curitiba**, PR
e-mail: livraria@milleniumlivraria.com.br

LIVRARIAS PAULINAS
Rua Voluntários da Pátria, 225
Tel.: (41) 224-8550 • Fax: (41) 223-1450
80020-000 **Curitiba**, PR
e-mail: livcuritiba@paulinas.org.br

Av. Getúlio Vargas, 276 – Centro
Tel.: (44) 226-3536 • Fax: (44) 226-4250
87013-130 **Maringá**, PR
e-mail: livmaringa@paulinas.org.br

PERNAMBUCO, PARAÍBA, ALAGOAS, RIO GRANDE DO NORTE E SERGIPE

EDITORA VOZES LTDA
Rua do Príncipe, 482
Tel.: (81) 3423-4100 • Fax: (81) 3423-7575
50050-410 **Recife**, PE
e-mail: vozes10@uol.com.br

LIVRARIAS PAULINAS
Rua Duque de Caxias, 597 – Centro
Tel.: (83) 241-5591 / 241-5636
Fax: (83) 241-6979
58010-821 **João Pessoa**, PB
e-mail: livjpessoa@paulinas.org.br

Rua Joaquim Távora, 71
Tel.: (82) 326-2575 • Fax: (82) 326-6561
57020-320 **Maceió**, AL
e-mail: livmaceio@paulinas.org.br

Rua João Pessoa, 224 – Centro
Tel.: (84) 212-2184 • Fax: (84) 212-1846
59025-500 **Natal**, RN
e-mail: livnatal@paulinas.org.br

Rua Frei Caneca, 59 – Loja 1
Tel.: (81) 3224-5812 / 3224-6609
Fax: (81) 3224-9028 / 3224-6321
50010-120 **Recife**, PE
e-mail: livrecife@paulinas.org.br

RIO DE JANEIRO

ZÉLIO BICALHO PORTUGAL CIA. LTDA
Vendas no Atacado e no Varejo
Av. Presidente Vargas, 502 – sala 1701
Telefax: (21) 2233-4295 / 2263-4280
20071-000 **Rio de Janeiro**, RJ
e-mail: zeliobicalho@prolink.com.br

Rua Marquês de S. Vicente, 225 – PUC
Prédio Cardeal Leme – Pilotis
Telefax: (21) 2511-3900 / 2259-0195
22451-041 **Rio de Janeiro**, RJ

Centro Tecnologia – Bloco A – UFRJ
Ilha do Fundão – Cidade Universitária
Telefax: (21) 2290-3768 / 3867-6159
21941-590 **Rio de Janeiro**, RJ

EDITORA VOZES LTDA
Rua México, 174 - Sobreloja - Centro
Telefax: (21) 2215-0110 / (21) 2220-8546
20031-143 **Rio de Janeiro**, RJ
e-mail: vozes42@uol.com.br

Rua do Imperador, 834 – Centro
Telefax: (24) 2233-9000 – Ramal 9045
25620-001 **Petrópolis**, RJ
e-mail: vozes62@uol.com.br

LIVRARIAS PAULINAS
Rua 7 de Setembro, 81-A
Tel.: (21) 2232-5486 • Fax: (21) 2224-1889
20050-005 **Rio de Janeiro**, RJ
e-mail: livjaneiro@paulinas.org.br

LIVRARIAS PAULINAS
Rua Dagmar da Fonseca, 45 – Loja A/B – B. Madureira
Tel.: (21) 3355-5189 / 3355-5931 • Fax: (21) 3355-5929
21351-040 **Rio de Janeiro**, RJ
e-mail: livmadureira@paulinas.org.br

Rua Doutor Borman, 33 – Rink
Tel.: (21) 2622-1219 • Fax: (21) 2622-9940
24020-320 **Niterói**, RJ
e-mail: livniteroi@paulinas.org.br

RIO GRANDE DO SUL

EDITORA VOZES LTDA
Rua Ramiro Barcelos, 386
Tel.: (51) 3225-4879 • Fax: (51) 3225-4979
90035-000 **Porto Alegre**, RS
e-mail: vozes19@uol.com.br

Rua Riachuelo, 1280
Tel.: (51) 3226-3911 • Fax: (51) 3226-3710
90010-273 **Porto Alegre**, RS
e-mail: vozes05@uol.com.br

LIVRARIAS PAULINAS
Rua dos Andradas, 1212 - Centro
Tel.: (51) 3221-0422 • Fax: (51) 3224-4354
90020-008 **Porto Alegre**, RS
e-mail: livpalegre@paulinas.org.br

RONDÔNIA

LIVRARIAS PAULINAS
Rua Dom Pedro II, 864 - Centro
Tel.: (69) 224-4522 • Fax: (69) 224-1361
78900-010 **Porto Velho**, RO
e-mail: fsp-pvelho@ronet.org.br

SANTA CATARINA

EDITORA VOZES
Rua Jerônimo Coelho, 308
Tel.: (48) 222-4112 • Fax: (48) 222-1052
88010-030 **Florianópolis**, SC
e-mail: vozes45@uol.com.br

SÃO PAULO

DISTRIBUIDORA LOYOLA DE LIVROS LTDA
Vendas no Atacado
Rua São Caetano, 959 – Luz
Tel.: (11) 3322-0100 • Fax: (11) 3322-0101
01104-001 **São Paulo**, SP
e-mail: vendasatacado@livloyola.com.br

Vendas no Varejo
Rua Senador Feijó, 120
Telefax: (11) 3242-0449
01006-000 **São Paulo**, SP
e-mail: senador@livloyola.com.br

Rua Barão de Itapetininga, 246
Tel.: (11) 3255-0662 • Fax: (11) 3231-2340
01042-001 **São Paulo**, SP
e-mail: loyola_barao@terra.com.br

Rua Quintino Bocaiúva, 234 – Centro
Tel.: (11) 3105-7198 • Fax: (11) 3242-4326
01004-010 **São Paulo**, SP
e-mail: atendimento@livloyola.com.br

EDITORA VOZES LTDA
Rua Senador Feijó, 168
Tel.: (11) 3105-7144 • Fax: (11) 3105-7948
01006-000 **São Paulo**, SP
e-mail: vozes03@uol.com.br

Rua Haddock Lobo, 360
Tel.: (11) 3256-0611 • Fax: (11) 3258-2841
01414-000 **São Paulo**, SP
e-mail: vozes16@uol.com.br

Rua dos Trilhos, 627 – Mooca
Tel.: (11) 6693-7944 • Fax: (11) 6693-7355
03168-010 **São Paulo**, SP
e-mail: vozes37@uol.com.br

Rua Barão de Jaguara, 1164
Tel.: (19) 3231-1323 • Fax: (19) 3234-9316
13015-002 **Campinas**, SP
e-mail: vozes40@uol.com.br

Centro de Apoio aos Romeiros
Setor "A", Asa "Oeste"
Rua 02 e 03 – Lojas 111 / 112 e 113 / 114
Tel.: (12) 564-1117 • Fax: (12) 564-1118
12570-000 **Aparecida**, SP
e-mail: vozes56@uol.com.br

LIVRARIAS PAULINAS
Rua Domingos de Morais, 660 - Vila Mariana
Tel.: (11) 5081-9330 • Fax: (11) 5549-7825
04010-100 **São Paulo**, SP
e-mail: livdomingos@paulinas.org.br

Rua XV de Novembro, 71
Tel.: (11) 3106-4418 / 3106-0602 • Fax: (11) 3106-3535
01013-001 **São Paulo**, SP
e-mail: liv15@paulinas.org.br

Via Raposo Tavares, km 19,145
Tel.: (11) 3782-1889 / 3782-0096 • Fax: (11) 3782-0972
05577-300 **São Paulo**, SP
e-mail: expedicao@paulinas.org.br

Av. Marechal Tito, 981
São Miguel Paulista
Tel.: (11) 6297-5756
Fax: (11) 6956-0162
08010-090 **São Paulo**, SP
e-mail: livsmiguel@paulinas.org.br

PORTUGAL

MULTINOVA UNIÃO LIV. CULT.
Av. Santa Joana Princesa, 12 E
Tel: (00xx351 21) 842-1820 / 848-3436
1700-357 **Lisboa**, Portugal

DISTRIBUIDORA DE LIVROS VAMOS LER LTDA.
Rua 4 de infantaria, 18-18A
Tel.: (00xx351 21) 388-8371 / 60-6996
1350-006 **Lisboa**, Portugal

EDITORA VOZES
Av. 5 de outubro, 23
Tel.: (00xx351 21) 355-1127
Fax: (00xx351 21) 355-1128
1050-047 **Lisboa**, Portugal

Se você gostou desta publicação e gostaria de conhecer outras obras desta editora, preencha a ficha de cadastramento, nos envie e receba em casa informações atualizadas de nossas publicações.

FICHA DE CADASTRAMENTO

Nome: _____

Endereço: _____

_____

CEP: _____ Cidade: _____

_____ Estado: _____

Profissão: _____

Fone: _____ Fax: _____

e-mail: _____

FORMAÇÃO: ( ) 1º Grau   ( ) 2º Grau   ( ) Superior

FAIXA ETÁRIA: ( ) De 0 a 14   ( ) De 15 a 30
                ( ) De 31 a 60   ( ) Mais de 60

RENDA FAMILIAR: ( ) Mais de 30 salários
                  ( ) De 20 a 30 salários
                  ( ) de 10 a 20 salários
                  ( ) de 3 a 10 salários
                  ( ) Menos de 3 salários

ÁREAS DE INTERESSE

- ☐ 000 Política/Sociologia
- ☐ 300 Ciências Sociais
- ☐ 160 Parapsicologia
- ☐ 100 Filosofia
- ☐ 380 Livros Didáticos
- ☐ 650 Comunicação
- ☐ 500 Educação
- ☐ 850 Literatura Inf.-Juvenil
- ☐ 700 Arte
- ☐ 150 Psicologia
- ☐ 001 Auto-ajuda
- ☐ 320 Economia
- ☐ 200 Teologia/Pastoral
- ☐ 400 Espiritualidade
- ☐ 800 Literatura
- ☐ 653 Relações Públicas
- ☐ 610 Saúde
- ☐ 900 História/Geografia

ENVIAR ESTA FICHA PARA EDIÇÕES LOYOLA

POR CORREIO: Caixa Postal 42.335 — 04218-970 São Paulo, SP
POR FAX: (11) 6163-4275
POR INTERNET: http://www.loyola.com.br/cadastro/cadastro_via_internet.htm

Edições Loyola
Editoração, Impressão e Acabamento
Rua 1822, n. 347 • Ipiranga
04216-000 SÃO PAULO, SP
Tel.: (0**11) 6914-1922